Karl-Josef Kuschel
Weihnachten und der Koran

Karl-Josef Kuschel

WEIHNACHTEN UND DER KORAN

Patmos

Information der Deutschen Nationalbibliothek
Die Deutsche Nationalbibliothek verzeichnet diese Publikation in der
Deutschen Nationalbibliografie; detaillierte bibliografische Daten sind
im Internet über http://dnb.d-nb.de abrufbar.

© 2008 Patmos Verlag GmbH & Co. KG, Düsseldorf
Alle Rechte vorbehalten
Abb.: Archiv Patmos Verlagsgruppe und privat
Printed in Germany
ISBN 978-3-491-72531-7
www.patmos.de

INHALT

»Christen und Muslime sollten über Toleranz hinausgehen, in der Anerkennung der Unterschiede, doch im Bewusstsein der Gemeinsamkeiten, und Gott dafür dankbar sein. Sie sind berufen zu gegenseitigem Respekt und verurteilen deshalb die Verspottung des religiösen Glaubens.

Verallgemeinerungen sollten im Gespräch über Religionen vermieden werden. Unterschiede zwischen den Konfessionen innerhalb des Christentums und des Islam sowie die Verschiedenheit historischer Kontexte sind wichtige beachtenswerte Faktoren.

Religiöse Traditionen können nicht auf der Basis eines einzelnen Verses oder einer Passage in den jeweiligen heiligen Büchern beurteilt werden. Sowohl eine Gesamtschau als auch eine adäquate hermeneutische Methode sind notwendig für ein faires Verständnis.«

Aus der gemeinsamen Erklärung des »Päpstlichen Rates für den Interreligiösen Dialog« (Rom) und des »Zentrums für Interreligiösen Dialog der Organisation Islamischer Kultur und Beziehungen« (Teheran) vom Mai 2008[1]

PROLOG:
CHRISTEN UND MUSLIME BEGEGNEN SICH ZU WEIHNACHTEN

Ich lege hier ein Buch vor, das man auch, aber nicht nur zur Weihnachtszeit lesen sollte. Denn die Fragen, um die es auf den folgenden Seiten geht, sind an keine Saison und kein Fest gebunden. Sie zielen ins Zentrum einer Auseinandersetzung von Christen und Muslimen um ein angemessenes Verständnis von Person und Sache Jesu. Die Geschichten von Jesu Geburt in Bibel und Koran haben dafür nicht exklusiven, wohl aber exemplarischen Charakter. Nirgendwo stärker als hier überschneiden sich biblische und koranische Überlieferungen. Sie zeigen überraschende Parallelen, aber auch klare Differenzen im Verständnis der Person, den beide, Muslime wie Christen, als »Gesandten« Gottes verstehen. Kein wohlfeiles »Weihnachtsbuch« also liegt hier vor, wohl aber eine knappe, kompakte Schrift, die über die Geburtsgeschichten von Johannes (den Christen »den Täufer« nennen), Maria und Jesus Christen und Muslime zum Dialog über Grundfragen ihres Glaubens ermutigen will.

Ich erinnere mich genau an die »Initialzündung« zu diesem Buch. Ende der achtziger Jahre hatte man mich nach Ahlen/Westfalen zu einem Vortrag eingeladen, um das Thema meines Buches »Streit um Abraham. Was Juden, Christen und Muslime trennt – und was sie eint« (1994) an ein größeres Publikum zu vermitteln. Kaum angekommen, werde ich auf einen Weg durch die Altstadt Ahlens geführt. Er soll erinnern an das Schicksal der Ahlener Judenschaft seit 1933. Bürger der Stadt hatten es sich zur Aufgabe gemacht, diese Erinnerung buchstäblich in das Pflaster ihrer Heimatstadt einzugraben – zur Erinnerung und Mahnung künftiger Generationen. Auf einem 1985 eingeweihten eindrucksvollen Mahnmal am Standort des ehemaligen jüdischen Gemeindehauses in der Klosterstraße sind hundert Namen der Opfer der Shoa eingraviert, die allein aus Ahlen stammen. Ein Buch zur Geschichte der Ahlener Judenschaft trägt den Titel: »Der Weg nach Auschwitz begann auch in Ahlen« (1988).

Gleichzeitig wird mir von einer besonderen christlich-muslimischen Initiative in Ahlen berichtet. Ein Zeitungsartikel wird mir ausgehändigt. In ihm ist ein Ereignis festgehalten, das am 24. Dezember 1986 stattfand:

»Die katholische St. Joseph-Gemeinde in Ahlen/Westfalen will sich verstärkt um eine gute Nachbarschaft zur türkisch-islamischen Moscheegemeinde der Stadt bemühen. Wie ein Mitarbeiter der Kirchengemeinde in einem Gespräch mit der ›Deutschen Welle‹ erklärte, ist für dieses Engagement ein Ereignis am vergangenen Heiligen Abend auslösend gewesen. Zwei Vertreter der in der Nachbarschaft liegenden Moschee seien mit einem festlichen Blumenstrauß während des Gottesdienstes in der Kirche erschienen, um der versammelten Gemeinde die Grüße und Glückwünsche der in Ahlen lebenden Moslems zum Fest der Geburt Jesu zu überbringen. Dieses ›Zeichen der Zuneigung und Großherzigkeit‹ sei von seiner Gemeinde mit einem ›spontanen Applaus‹ aufgenommen worden. Gleichzeitig seien viele Christen darüber beschämt gewesen, dass sie in der Vergangenheit die Hochfeste des Islam kaum zur Kenntnis genommen hätten. Das Heilig-Abend-Ereignis habe die Hoffnung auf ein gutes Miteinander ›mit unseren muslimischen Brüdern und Schwestern‹ gestärkt: ›Aufgrund dieser wahrhaft weihnachtlichen Begegnung wird sich unser bisher oft gleichgültiges Verhalten gegenüber unseren muslimischen Nachbarn in eine herzliche Aufmerksamkeit und Anteilnahme wandeln‹«.[2]

Diese Szene hat mich seither nicht mehr losgelassen. Den Zeitungsausschnitt habe ich sorgsam aufbewahrt und wiederholt in meinen Vorträgen benutzt. Welch anderer Geist tritt uns aus dieser Szene entgegen? Machen wir uns nichts vor: »Weihnachten« ist bei uns vielfach verkommen, verflacht, verschleudert. Ein Fest weitgehend ohne religiöse Tiefe, spirituelle Substanz und ethische Verpflichtung. Wir haben auch in unserem Lande dieses große religiöse Fest herunterkommen lassen auf eine Schwundstufe an der Grenze zur Auflösung. Schon vor gut hundert Jahren hat Hermann Hesse formuliert, was sich bis heute nicht verändert hat: »Unsere Weihnacht ist, von den paar wirklich Frommen abgesehen, ja schon wirklich lange eine Sentimentalität. Zum Teil ist sie noch Schlimmeres geworden, Reklameobjekt, Basis für Schwindelunternehmungen, beliebtester Boden für Kitschfabrikation«. Nachzulesen mit anderen, ähnlichen Zitaten in meinem Buch »Das Weihnachten der Dichter. Große Texte von Thomas Mann bis Reiner Kunze« (2004).

Im Gespräch mit Muslimen aber *könnte* die Botschaft von Weihnachten neue Kraft gewinnen. Denn auch Muslimen ist die Geburt Jesu ein »Zeichen Gottes« für die Menschheit. Der religiöse Kern der Geburtsgeschichte Jesu ist Christen und Muslimen gleich: Jesus ist ein Mann des

Friedens und kein »unseliger Gewalttäter« (Sure 19,32). Jesus ist ein »Zeichen Gottes«, ein Zeichen für Gottes Barmherzigkeit (Sure 19,21). Das können Christen und Muslime wieder neu in Erinnerung rufen. Sie *könnten* auf diese Weise zu Treuhändern und Hütern dieser *theozentrischen Botschaft* von Weihnachten werden, aller Verflachung, Verkitschung und Sentimentalisierung zum Trotz.

Ich horchte deshalb besonders auf, als im vergangenen Jahr 2007 138 muslimische Gelehrte aus aller Welt Christen ein friedliches Weihnachtsfest wünschten. Ein geschichtlich beispielloser Vorgang. Diese Weihnachtsbotschaft wurde vom jordanischen Königlichen Aal-al Bayt-Institut für Islamisches Denken in Amman/Jordanien veröffentlicht. Zu der Gruppe gehören Vertreter der beiden großen islamischen Glaubensrichtungen, der Sunniten und Schiiten, sowie Angehörige des Sufismus. Die Botschaft hat diesen Wortlaut:

»Im Namen Gottes, des Mitfühlenden, des Barmherzigen

Möge Gott Muhammad und sein Geschlecht segnen, wie er Abraham und sein Geschlecht segnete!

Al-Salaamu Aleikum; Peace be upon you; Pax vobiscum.

Friede sei mit Jesus Christus, der sagt: »Friede sei mit mir am Tag meiner Geburt, am Tag meines Todes und am Tag meiner Wiedererweckung zum Leben.« (Sure 19,34).

In diesen freudigen Tagen schreiben wir Euch, unseren christlichen Nachbarn in aller Welt, um aufrichtig Dank zu sagen für die wunderbaren und wohlwollenden Antworten, die wir Muslime erhalten haben, seitdem wir unsere Einladung aussprachen, zu einem gemeinsamen Wort (»A Common Word«) zusammenzukommen, das auf der ›Liebe zu Gott und zum Nächsten‹ aufbaut.[3]

Wir danken Euch und wünschen Euch ein frohes und friedvolles Weihnachtsfest in Erinnerung an die Geburt Jesu Christi.

Wir Muslime legen Zeugnis dafür ab: Es gibt keinen Gott außer Gott allein, und Muhammad ist sein Diener und Verkünder, und Jesus ist sein Diener, sein Verkünder, sein Wort gegeben an Maria, und Geist von ihm … (Sahih Bukhari, Kitab Ahadith al-Anbia').

In diesen gesegneten Tagen, die zeitlich zusammenfallen mit dem muslimischen Opferfest, das an den Glauben des Propheten Abraham erinnert, beten wir, dass das Neue Jahr der ganzen leidenden Welt Heilung und Friede bringen möge. Gottes Weigerung, als Abraham ihm anstelle eines Schafbocks seinen Sohn opfern wollte, ist für die Gegenwart eine göttliche Anweisung und ein mächtiger Auftrag für alle Gläubigen der abrahamitischen Religionen, stets das Äußerste zu tun, um jedes einzelne menschliche Leben zu retten, hochzuhalten und hochzuschätzen – vor allem das Leben jedes einzelnen Kindes. Wir wollen noch einmal festhalten, dass in diesem Jahr muslimische Gelehrte eine historische Erklärung veröffentlichten, in der sie die Heiligkeit des menschlichen Lebens – von wirklich jedem menschlichen Leben – als eine wesentliche und grundlegende Lehre des Islam bekräftigten, über die alle muslimischen Gelehrten einmütig übereinstimmen.[4]

Möge im kommenden Jahr die Heiligkeit und Würde des menschlichen Lebens von allen hochgehalten werden. Möge es ein Jahr der tiefen Reue vor Gott sein und gegenseitiger Vergebung innerhalb und zwischen den verschiedenen Gemeinschaften.

Gepriesen sei Gott, der Herr der Welten.«

Dank für die »wunderbaren und wohlwollenden Antworten«? Veröffentlichung einer »Historischen Erklärung«? Gemeint ist das Faktum, dass Mitte Oktober 2007 dieselbe Gruppe von 138 muslimischen Gelehrten einen Brief an Papst Benedikt XVI. und an viele Führer der christlichen Kirchen veröffentlicht und in einem dramatisch zu nennenden Appell zum Dialog zwischen Christen und Muslimen aufgerufen hat. Zum »ersten Mal seit den Tagen des Propheten«, liest man, seien islamische Gelehrte einmütig zusammengekommen, um einen »gemeinsamen Grund zwischen Christentum und Islam« zu deklarieren. Worin besteht er? Im Doppelgebot der Liebe! Weite Passagen des Dokuments versuchen denn auch, dieses Doppelgebot der Gottes- und Nächstenliebe vom Koran und der Sunna (den Überlieferungen des Propheten) her zu begründen. Gleichzeitig wird auf Parallelen im Alten und Neuen Testament aufmerksam gemacht. Gefolgert wird daraus: »Die Einzigartigkeit Gottes, die Liebe zu ihm und die Liebe zum Nächsten stellen eine gemeinsame Basis dar, auf der der Islam und das Christentum gegründet sind«. Wir werden von diesem Dokument im 5. Teil dieses Buches mehr hören. Dort werden wir es zu diskutieren haben.

Muslime wünschen Christen »ein frohes und friedvolles Weihnachtsfest in Erinnerung an die Geburt Jesu Christi«. Wie hat man dieses Faktum einzuschätzen? Als höfliche Geste, als diplomatischen Schachzug, als vertrauensbildende politische Maßnahme angesichts einer prekären Weltsituation? So *auch*. Aber Muslime haben auf der Basis ihrer eigenen Heiligen Schrift gute Gründe, der Geburt Jesu in besonderer Weise zu gedenken. Viel zu wenig ist unter Christen bekannt, dass im Koran biblische Überlieferungen in erstaunlicher Breite und Tiefe aufgenommen sind: Überlieferungen von Adam, Noach, Abraham, Mose bis hin zu Jesus und Maria.[5]

Gerade auch die »Weihnachtsgeschichte«, die Geschichte also von Jesu Geburt, spiegelt sich im Koran in großer Ausführlichkeit – und zwar in zwei Suren: in der in Mekka geoffenbarten Sure 19 und in der später in Medina geoffenbarten Sure 3. Im Glückwunschschreiben der Muslime wird nicht zufällig ein Satz aus Sure 19 zitiert, Jesus selber in den Mund gelegt: »Friede sei mit mir am Tag meiner Geburt, am Tag meines Todes und am Tag meiner Wiedererweckung zum Leben«. Dieser Satz schließt die erste koranische Jesus-Sure ab. Sie spricht von der Verkündigung an Maria, der Geistzeugung und der Geburt Jesu. Grund genug, all dem näher nachzugehen. Die Herausforderung ist damit gegeben: Weihnachten und der Koran! Eine Herausforderung zu einem vertieften Dialog von Christen und Muslimen über Grundfragen ihres Glaubens. Diesen Dialog will das Buch anstoßen – und zwar durch präzise Arbeit an den Ur-Kunden selber: dem Neuen Testament und dem Koran.

Ein Wort in eigener Sache ist hier noch am Platz. Vor einigen Jahren habe ich begonnen, das Thema »Weihnachten« zunächst literarisch und religionsgeschichtlich aufzuarbeiten, insbesondere im Spiegel des Werkes von Thomas Mann. Ohne dass ich einen festen Plan verfolgt hätte, sind zwei Publikationen dazu erschienen, die jeweils vertiefend aufeinander aufbauen: »Das Weihnachten der Dichter. Große Texte von Thomas Mann bis Rainer Kunze« (Patmos Verlag, Düsseldorf 2004) sowie »Weihnachten bei Thomas Mann« (Patmos Verlag, Düsseldorf 2006). Dabei konnte die theologische Dimension des Weihnachtsfestes immer nur angedeutet werden. Klar war mir aber stets: Die Botschaft von Weihnachten verdient eine eigene programmatische Profilierung, aber so, dass Bibel und Koran miteinander ins Gespräch kommen – ganz so, wie dies in meinem Grundlagen-Werk geschieht, das ich im Herbst 2007 nach vielen Jahren Arbeit vorlegen konnte und das bereits die inneren Verbindungen von Judentum, Christentum und Islam anhand großer Stoffe biblischen Ursprungs zeigt: »Juden – Christen – Muslime: Herkunft und Zukunft« (PatmosVerlag, Düsseldorf 2007).

Bereits in diesem Buch gibt es ein Kapitel über »Maria und Jesus oder: Zeichen Gottes für alle Welt«. Die Geburtsgeschichte Jesu im Koran spielt bereits hier eine Rolle, knapp, grundsätzlich, wie es im Rahmen dieses großen Entwurfs nur möglich war, allerdings ohne die Einbeziehung der beiden neutestamentlichen Geburtsgeschichten. Stets aber stand mir vor Augen, zu diesen Schlüsselgeschichten ein eigenes Buch vorzulegen und darin die beiden Überlieferungen von Jesu Geburt in Bibel und Koran so miteinander in Beziehung zu setzen, dass sowohl Gemeinsamkeiten als auch Unterschiede im Glauben von Christen und Muslimen präzise heraustreten. Geleitet hat mich nicht zuletzt das Wort, das ich als Motto diesem Band voranstelle: »Christen und Muslime sollten über Toleranz hinausgehen, in der Anerkennung der Unterschiede, doch im Bewusstsein der Gemeinsamkeiten, und Gott dafür dankbar sein«.

Möge dieses Buch Christen und Muslime im Geiste des Weihnachts-Friedens zu besserem Verstehen und intensiverer Zusammenarbeit in den Problemfeldern des Lebens inspirieren.

Tübingen, im Juli 2008   Karl-Josef Kuschel

Erster Teil

Die Geburt Jesu im Neuen Testament

»Unsere Erzählung vibriert untergründig von der Spannung zwischen dem universalen Anspruch des römischen Herrschers, der die pax Romana *als* pax Augustana *auf die Macht der römischen Legionen gegründet hatte, und dem universalen Anspruch des jüdischen [...] Messias, der von einem römischen Präfekten, Pontius Pilatus, ans Kreuz geschlagen worden war, nachdem er Gottes Herrschaft ausgerufen und die Gewaltlosigkeit gepredigt hatte.«*

RUDOLF PESCH, Das Weihnachtsevangelium (2007)

»Wären statt der Heiligen Drei Könige Konfuzius, Laotse, Buddha aus dem Morgenland zur Krippe gezogen, so hätte nur einer, Laotse, diese Unscheinbarkeit des Allergrößten wahrgenommen, obzwar nicht angebetet. Selbst er aber hätte den Stein des Anstoßes nicht wahrgenommen, den die christliche Liebe in der Welt darstellt, in ihren alten Zusammenhängen und ihren nach Herrenmacht gestaffelten Hierarchien. Jesus ist genau gegen die Herrenmacht das Zeichen, das widerspricht, und genau diesem Zeichen wurde von der Welt mit dem Galgen widersprochen.«

ERNST BLOCH, Das Prinzip Hoffnung (1969)

Man hat sie den »bekanntesten Text der Weltliteratur« genannt, die Weihnachtsgeschichte.[6] Das dürfte nicht übertrieben sein. Ihre Wirkung in der Welt der Frömmigkeit, aber auch in der Welt der Kultur, in der Welt von Literatur, Musik und Malerei, ist unermesslich. Historisch aber bleibt Jesu Geburt für uns im Dunkel der Geschichte. Zu sehr sind die Berichte des Neuen Testamentes nach einem durchschaubaren Erfüllungsschema komponiert, um sie als *historische* Quellen zu akzeptieren: Verheißungen der Hebräischen Bibel erfüllen sich, beglaubigt durch häufige Zitate aus den Büchern der Propheten. Zu sehr ist alles ins Licht außergewöhnlicher Ereignisse getaucht, als dass wir Fakten von Fiktion scheiden könnten: Erscheinungen von Engeln, jungfräuliche Empfängnis durch Gottes Geist, kosmische Zeichen als Orientierung für »Sterndeuter«, Rettung des Neugeborenen vor einem Mordanschlag. Wundersame Zeichen, die wir je verschieden auch bei der Geburt anderer Religionsstifter finden: bei Mose und Buddha beispielsweise, aber auch bei Mohammed, wie wir sehen werden. Die Berichte von Mohammeds Geburt werden uns in einem eigenen Teil beschäftigen.

1. DIE UR-KUNDEN

Auffällig jedoch: Im Unterschied zum Detailreichtum späterer sogenannter Kindheitsevangelien[7] ist die christliche Ur-Kunde selber relativ zurückhaltend. Mehr noch: Das Neue Testament ist größtenteils an Geschichten von Jesu Geburt gar nicht interessiert. Die Evangelisten Markus und Johannes kennen überhaupt keine Geburtsgeschichten. Auch der Apostel Paulus nicht; zur Bethlehem-Tradition in der gesamten paulinischen Briefliteratur kein Wort.

Nur die Evangelien des Matthäus und Lukas erzählen von Jesu Geburt, aber so, dass gerade nicht das Mythisch-Ewige, sondern noch das Zeitlich-Lebendige der Vorgänge erkennbar wird. Die Geburtsgeschichten des Neuen Testaments signalisieren damit selber, dass die Überlieferungen noch im Fluss sind, wenn es um die Geburt des »Messias« geht. Viele Einzelzüge sind noch gar nicht fixiert, viele Details noch variabel. Nichts ist zu mythisch-legendarischen Großmustern ausgestaltet – wie bei »Stifterfiguren« üblich. Schon die Tatsache, dass es zwei sehr unterschiedliche Überlieferungen gibt, unterstreicht das. Schauen wir uns die beiden Texte zunächst einmal in Ruhe an. Ich folge jeweils der Übersetzung des Tübinger Philologen und Schriftstellers *Walter Jens*.[8]

Auf der Erde – Gottes Frieden: die Geschichte des Lukas

I

Verehrter Herr!
Bruder Theophilus,
viele, du weißt es, haben versucht,
in vernünftiger Ordnung,
Satz an Satz gereiht,
zu wiederholen, was bei uns geschehen ist:
vollendet jetzt und überliefert von den Zeugen,
die dabei gewesen sind,
den Hütern des Worts und Bewahrern der Botschaft.
Und nun ich! Ich, Lukas, der dir erzählt:
alles, von Anbeginn an, niedergeschrieben,
nichts ausgelassen, jede Spur verfolgt,
zeitgetreu und genau,
für dich, lieber Bruder, damit du erkennst:
Die Worte sind verbürgt, in denen man dich unterwies,
und die Lehre hat ihren Grund.

Hör, wie alles begann,
vor langlanger Zeit,
als König Herodes über Judäa gebot.
Da lebte ein Mann unter uns,
Zacharias hieß er,
ein Priester aus der Klasse Abia,
der im Tempel Wochendienst hatte.
Der Name seiner Frau: Elisabeth,
aus dem Haus Aaron.

Das waren zwei Menschen, die beiden,
die ein gerechtes Leben führten vor Gott
und das Gesetz des Herrn beschützten,
niemals lässlich, sondern untadelig und in Ehren.
Aber sie waren allein und hatten kein Kind,
denn Elisabeth war unfruchtbar,
und die beiden: schon im Alter vorgerückt.

Ich erzähle von der Zeit, Theophilus,
in der er seinen Tempeldienst vor Gottes Antlitz tat,
Zacharias,
denn die Woche seiner Klasse war gekommen,
und er wurde ausgelost, so wie es Sitte war unter den Seinen,
das Rauchopfer vorzubereiten.
Darum ging er in den Tempel des Herrn
– das Volk wartete draußen im Hof,
während drinnen Rauch aufstieg –
und betete.
Die Opferstunde war gekommen –
und da, auf einmal, zur Rechten des Priesters am Räucheraltar:
der Engel des Herrn!
Zacharias erschrak, als er ihn sah,
und Furcht überfiel ihn.

Doch der Engel sagte zu ihm:
»Fürchte dich nicht, Zacharias,
Gott hat dich erhört.
Deine Frau wird einen Sohn gebären:
Johannes sollst du ihn nennen,
und Freude wird sein, in deinem Herzen,
Jauchzen und Frohlocken,
und die Menschen werden sich freuen, sehr viele,
wenn das Kind geboren ist.
Denn Johannes wird groß sein vor Gottes Antlitz
und wird keinen Rauschtrank trinken und keinen Wein,
denn er ist erfüllt, schon im Leib seiner Mutter,
mit dem Heiligen Geist und wird es bleiben
und wird die Kinder Israels zu Gott hinführen,
heim zu IHM,
und wird dem Herrn vorangehn,

der da kommen wird,
vorangehn im Geist und der Herrlichkeit des Elias,
wird die Herzen der Eltern zu den Kindern kehren
und beide versöhnen,
wird die Ungehorsamen zu den Vernünftigen bringen
und sie klug werden lassen
und wird dem Herrn ein Volk bereiten,
das für ihn gerüstet ist.«

Zacharias aber fragte: »Woran erkenne ich das?
Gibt es Beweise? Ist das Wunder verbürgt?
Schau, wir beide, Elisabeth und ich, sind alte Leute.«
»Ich bin Gabriel«, sagte der Engel,
»ich stehe vor Gott, er hat mich gesandt:
›Rede mit ihm und sag, was ihm verheißen ist.‹
Ich sage dir, und das ist wahr:
Stumm wirst du sein, Zacharias, von nun an,
und wirst nicht reden können bis zu dem Tag,
an dem geschehen wird,
was ich dir versprach.
Du sollst, von dieser Stunde an,
die Sprache verlieren,
weil du mir nicht vertrautest.
Aber der Tag wird kommen, da in Erfüllung geht,
was ich dir verhieß.«

Draußen aber, im Hof, wartete das Volk auf Zacharias,
und die Menschen wunderten sich –
die Zeit verging,
doch er kam nicht heraus. –
Und als er endlich vor sie trat,
hatte er seine Sprache verloren.
Da riefen die Menschen:
Ein Traum! Eine Erscheinung!
Er hat ein Gesicht gesehen im Tempel!
Er aber winkte ihnen zu, nickte freundlich und bedeutete allen:
Ich kann nicht sprechen.
So diente er stumm im Tempel,
wartete und tat seine Pflicht, wie es die Ordnung gebot.
Dann ging er zurück in sein Haus,

einige Tage vergingen,
Elisabeth, seine Frau, wurde schwanger,
und verbarg sich fünf Monate lang vor den Menschen:
›Dies hat der Herr getan,
er hat mich angeschaut, in diesen Tagen,
und mich erlöst und die Schmach der Dürre
von mir genommen. Die Schmach unter den Menschen.‹

Im sechsten Monat aber sandte Gott den Engel Gabriel
in eine Stadt Galiläas, die Nazareth heißt.
Dort lebte ein Mädchen, Maria hieß sie,
die Joseph, aus dem Haus Davids, in Treue
zugetan war:
als seine Braut.
Und der Engel trat zu ihr und sagte:
»Sei gegrüßt, liebe Maria, du bist gesegnet,
Gott ist mit dir.«
Maria aber erschrak über die Worte
und wusste nicht, was dieser Gruß bedeutete.
Da sagte der Engel: »Fürchte dich nicht, Maria,
Gott ist dir gnädig.
Du wirst schwanger sein und einen Sohn gebären,
den du Jesus nennen sollst.
Sohn des Höchsten!
Groß auf Davids väterlichem Thron,
den Gott der Herr ihm gab.
Herrscher über Jakobs Haus,
König in Ewigkeit:
Ohne Ende ist sein Reich.«
»Wie kann das geschehen?«, fragte Maria.
»Ich bin mit keinem Mann zusammengewesen.«
Aber der Engel antwortete ihr:
»Der Heilige Geist wird dich überkommen,
die Höchste Macht wird dich überschatten,
das Kind wird heilig sein,
denn es ist Gottes Sohn.
Auch Elisabeth, die dir verwandt ist,
hat ein Kind empfangen und trägt es
schon sechs Monate lang,

obwohl sie als unfruchtbar galt,
dürr und betagt,
aber für Gott ist nichts unmöglich:
Was er sagt, gilt.«
»Ich bin die Dienerin des Herrn«,
antwortete Maria, »es geschehe, wie du gesagt hast.
Ich bin bereit.«
Da verließ sie der Engel.

Ich erzähle, Theophilus, von der Zeit,
als Maria sich auf den Weg machte
und hinaufging zu einer Stadt im Bergland Judäas:
Dort, in des Zacharias Haus, begrüßte sie Elisabeth,
und als die alte Freu die Worte hörte,
begann sich das Kind in ihrem Leib zu bewegen
– es hüpfte! –,
und Elisabeth wurde vom Heiligen Geist ergriffen,
und ihre Stimme war laut, als sie rief:
»Du bist gesegnet,
auserwählt unter den Frauen,
und gesegnet ist das Kind in deinem Leib,
Wer bin ich, dass die Mutter meines Herrn zu mir kommt:
zu mir, der Geringen!
Als ich deinen Gruß hörte, Maria,
hüpfte, vor Freude, das Kind in meinem Leib.
Glückliche! Du vertraust darauf, dass sich die Worte erfüllen,
die der Herr dir gesagt hat.«

Und Maria sprach:
  »Meine Seele preist Gott.
  Er ist groß.
  Mein Geist frohlockt:
  Der Herr ist mein Retter.
  Mich, die niedrige Magd, hat er gesehen.
  ›Die Glückliche‹ werde ich heißen:
  von nun an, bei allen Völkern,
  denn Großes hat der Mächtige an mir getan.
  Sein Name ist heilig,
  sein Erbarmen gilt allen,
  von Geschlecht zu Geschlecht, die ihn fürchten.

Sein Arm ist gewaltig.
Ein Schnitter, der die Spreu zertritt:
So zerstreut er die Stolzen,
die hochmütig sind in ihrem Herzen,
und stößt die großen Herren von ihren Thronen.
Die Niedrigen aber hebt er empor
und richtet sie auf.
Die Hungrigen sättigt er doppelt,
die Reichen schickt er mit leeren Händen davon.
Israels, seines Knechts,
nimmt er sich an und ist barmherzig:
so wie er unseren Vätern, für immer, versprach,
Abraham und seinen Kindern,
barmherzig zu sein.«

Drei Monate lang ist Maria bei Elisabeth geblieben,
dann kehrte sie nach Hause zurück.
Für Elisabeth aber kam der Tag der Niederkunft,
und sie gebar einen Sohn.
Und die Nachbarn und die Verwandten hörten davon
– ›wie gnädig und barmherzig ist Gott zu ihr gewesen!‹ –
freuten sich mit ihr
und kamen am achten Tag zur Beschneidung,
um das Kind, nach seinem Vater, Zacharias zu nennen.
Elisabeth aber widersprach ihnen und sagte:
»Nein, nicht Zacharias! Johannes!
Es soll Johannes heißen, das Kind.«
»Wie?«, fragten die Nachbarn,
»es gibt keinen in deiner Verwandtschaft,
der so genannt wird«,
und fragten, mit Zeichen und Winken,
den Vater, wie er seinen Sohn genannt haben wollte.
Da verlangte der Vater ein Schreibtäfelchen
und schrieb darauf – sie sahen es staunend! – die Worte:
»Sein Name: Johannes.«
Und da, auf einmal, begann sich seine Zunge zu regen,
Worte strömten heraus, die Sprache kehrte zurück,
er konnte reden und lobte Gott.
Da erschraken die Nachbarn,

Furcht breitete sich aus,
und was geschehen war, wurde im ganzen Bergland Judäas
   weitererzählt,
und alle, die davon hörten,
nahmen es sich zu Herzen und sagten:
»Auf diesem Kind hat Gottes Hand geruht: Was mag aus ihm werden?«

Sein Vater Zacharias aber wurde ergriffen vom Heiligen Geist
und sprach in prophetischer Rede:
   »Der Herr sei gepriesen, Israels Gott!
   Er hat sein Volk besucht und es befreit:
   Ins Haus seines Knechts David
   hat er den Retter gesandt,
   der stark wie ein Widderhorn ist.
   Verkündet hat er, von Urzeiten an,
   durch den heiligen Mund des Propheten:
   Ich werde euch retten von euren Feinden.
   Ich will euch bewahren,
   wenn ihr Hass nach euch greift.
   Ich werde mich eurer Väter erbarmen
   und den heiligen Bund und den Schwur nicht vergessen,
   den ich Abraham schwor,
   eurem Vater:
   euch aus der Hand der Feinde retten,
   damit ihr mir dient, ohne Furcht,
   fromm und gerecht, ein Leben lang,
   vor meinem Angesicht.
   Du aber, Kind, sollst ›Prophet des Höchsten‹ genannt sein,
   weil du dem Herrn vorausgehen wirst,
   um ihm die Wege zu ebnen
   und seinem Volk zu verkünden:
   Es gibt Rettung,
   die Schuld wird vergeben,
   Gott ist barmherzig.
   Sein Licht,
   aufgehend wie die Sonne am Himmel,
   hat uns berührt.
   Es leuchtet auch denen, die in der Dunkelheit sind

und im Schatten des Todes
und lenkt unsere Schritte zum Frieden.«

Das Kind aber wuchs heran
und sein Geist wurde stark:
In der Einsamkeit der Wüste hat Johannes gelebt,
bis hin zu dem Tage,
da er sich Israel zeigen sollte,
vor allen Augen,
wie es bestimmt war.

II

Und ein Gebot ging aus:
Es war die Zeit – verehrter Herr! Bruder Theophilus, mein Freund,
als Kaiser Augustus allen Einwohnern des Reiches befahl,
sich überall im Land eintragen zu lassen,
wer einer sei und was er verdiente.
Es war die erste Zählung dieser Art;
sie wurde durchgeführt,
als Quirinius Statthalter in Syrien war,
und alle brachen auf, um sich eintragen zu lassen:
Jeder ging in seine Heimatstadt,
darunter auch Joseph:
Der zog von Galiläa, aus der Stadt Nazareth,
nach Judäa hinauf,
in die Stadt Davids, die Bethlehem heißt;
denn er stammte aus Davids Haus
und wollte sich eintragen lassen,
zusammen mit Maria, die seine Braut war
und ein Kind erwartete.

Es war in Bethlehem,
als für sie die Zeit der Niederkunft kam
und sie ihren ersten Sohn gebar:
Sie wickelte ihn in Windeln
und legte ihn in eine Krippe im Stall, denn im Haus war keine Bleibe für sie.
In ihrer Nähe aber waren in dieser Nacht Hirten auf dem Feld
und hielten Wache bei ihren Herden.
Da stand auf einmal ein Engel des Herrn neben ihnen,

Gottes Glanz umleuchtete sie,
und die Hirten ängstigten sich sehr.

Aber der Engel sagte zu ihnen:
»*Habt keine Furcht!*
Seht, ich verkündige euch,
dass eine große Freude bald das ganze Volk erfüllen wird,
denn heute wird euch, in der Stadt Davids,
der Retter geboren;
euer Herr, der Messias.
Und dies ist ein Zeichen für euch:
Das Kind! Ihr werdet ein Kind finden,
das, in Windeln gewickelt, in der Krippe liegt.«

Da standen neben dem Engel die Scharen des himmlischen Heers;
sie priesen Gott und riefen:
»*In den Himmeln: Gottes Macht!*
Licht!
Und Herrlichkeit!
Auf der Erde: Gottes Frieden!
Frieden allen, die er liebt!«

Und als die Engel in den Himmel heimgekehrt waren,
sagten die Hirten:
»Kommt, wir wollen nach Bethlehem gehen,
um zu sehen, was der Herr geweissagt hat«,
und sie brachen auf, in der Nacht,
und fanden Maria und Joseph und das Kind,
das in der Krippe lag.
Und als sie es sahen, erzählten sie,
was ihnen gesagt worden war,
von diesem Kind,
und alle, die es hörten, staunten über die Worte der Hirten;
Maria behielt sie im Herzen
und bedachte alles, was geschehen war.
Die Hirten aber kehrten zurück,
priesen Gott und dankten ihm;
denn sie hatten gehört und gesehen:
Es ist alles, wie uns gesagt worden ist.« (Lk 1,1-2,20)

Ein Kind des Heiligen Geistes: die Geschichte des Matthäus

»Es sind also im Ganzen vierzehn Geschlechter von Abraham bis David; vierzehn von David bis zur Verbannung nach Babylon; vierzehn von der Verbannung bis hin zu Christus, dessen Geburt unter diesen Zeichen geschah:

Noch bevor seine Mutter Maria und Joseph, dem sie verlobt war, zusammenkamen, zeigte es sich, dass Maria schwanger war vom Heiligen Geist. Joseph, ein rechtschaffener Mann, der Maria nicht öffentlich anprangern wollte, beschloss, sich in aller Stille von ihr zu trennen.

Als er noch darüber nachsann, erschien ihm im Traum ein Engel des Herrn. ›Joseph, du Sohn Davids‹, sagte der Engel, ›scheue dich nicht, Maria als deine Frau zu dir zu nehmen, denn ihr Kind ist ein Kind des Heiligen Geistes. Sie wird dir einen Sohn gebären, dem du den Namen ›Jesus‹ geben sollst (das heißt: ›Gott wird helfen‹), denn er wird sein Volk von den Sünden erlösen.‹ Dies alles ist geschehen, damit das Wort in Erfüllung geht, das der Herr durch seinen Propheten gesagt hat:

Schaut her! Die junge Frau wird schwanger sein:
gebären wird sie einen Sohn
und nennen wird man ihn: Immanuel,
(das heißt übersetzt): Mit uns ist Gott.

Als Joseph aus dem Schlaf erwachte, folgte er dem Gebot des Engels und nahm Maria in sein Haus. Aber er war nicht mit ihr zusammen bis zur Geburt ihres Sohnes, dem er den Namen ›Jesus‹ gab.

Jesus wurde zurzeit des Königs Herodes in Bethlehem, im Lande Judäa, geboren. Eines Tages kamen Sterndeuter aus dem Osten in die Stadt Jerusalem und fragten nach dem neugeborenen König der Juden: ›Wir haben gesehen, wie sein Stern aufging, im Osten, und sind gekommen, um vor ihm niederzuknien und ihn anzubeten.‹

Als der König Herodes das hörte, erschrak er – und mit ihm ganz Jerusalem –, ließ alle Großen Priester und Schriftausleger zusammenkommen und fragte sie: ›Wo soll der Messias geboren werden?‹ Sie antworteten ihm: ›In Bethlehem, im Lande Judäa. Denn der Prophet hat gesagt:

Du, Bethlehem, Land Juda,
gewiss nicht die kleinste bist du
unter den Fürstenstädten von Juda,
denn aus dir wird der Herrscher kommen,
der Hirte meines Volkes Israel.‹

Darauf rief Herodes die Sterndeuter heimlich zu sich, ließ sie genau bestimmen, wann das Gestirn erschienen war, und schickte sie nach Bethlehem: ›Geht‹, sagte er, ›stellt sorgfältig Nachforschungen an, und wenn ihr das Kind gefunden habt, gebt mir Bescheid, damit auch ich es anbeten kann.‹ Nach diesen Worten des Königs machten sich die Sterndeuter auf den Weg, und das Gestirn, das sie im Osten hatten aufgehen sehen, zog vor ihnen her, bis es sein Ziel erreicht hatte und stehen blieb, hoch über dem Ort, wo das Kind war.

Als die Männer den Stern sahen, überkam sie große Freude; sie gingen ins Haus, erblickten das Kind mit Maria, seiner Mutter, fielen nieder und beteten es an. Dann öffneten sie die Kästen, in denen sie die Schätze aufbewahrt hatten, und brachten ihm ihre Geschenke: Gold und Weihrauch und Myrrhe.

Danach zogen sie auf einem anderen Weg heim in ihr Land; denn sie hatten im Traum die Weisung erhalten, nicht zu Herodes zurückzukehren.

Als die Sterndeuter fortgezogen waren, erschien Joseph im Traum ein Engel des Herrn und sagte zu ihm: ›Steh auf, nimm das Kind und seine Mutter und flieh nach Ägypten. Dort bleibe so lange, bis ich dir sage, dass du heimkehren darfst. Denn Herodes wird dein Kind suchen, um es zu töten.‹

Da stand Joseph auf und floh, noch in der Nacht, mit dem Kind und der Mutter nach Ägypten. Dort blieb er bis zum Tod des Herodes, damit das Wort in Erfüllung ging, das der Herr durch seinen Propheten gesagt hat: Aus Ägypten habe ich meinen Sohn gerufen.

Als Herodes merkte, dass die Sterndeuter ihn hintergangen hatten, wurde er zornig und ließ in Bethlehem und der ganzen Umgebung alle Knaben bis zum Alter von zwei Jahren ermorden: das entsprach dem Zeitpunkt, den er bei der Befragung der Sterndeuter ausgemacht hatte. So ging das Wort in Erfüllung, das der Prophet Jeremias gesagt hat:

Sie hörten eine Stimme in Rama.
Sie hörten Klagen, überall, Jammern und Geschrei.
Rachel weinte um ihre Kinder
und ließ sich nicht trösten:
Tot waren sie.

Als Herodes gestorben war, erschien Joseph, in Ägypten, ein Engel im Traum und sagte zu ihm: ›Steh auf und zieh mit dem Kind und seiner Mutter in das Land Israel. Denn die Feinde, die das Kind töten wollten, leben nicht mehr.‹

Da stand Joseph auf und zog mit dem Kind und der Mutter heim nach Israel. Als er aber hörte, dass Archelaos anstelle seines Vaters Herodes in

Judäa regierte, fürchtete er sich, dorthin zu gehen, und zog, auf eine Weisung im Traum hin, nach Galiläa. Dort ließ er sich in der Stadt Nazareth nieder. So wurde das Wort der Propheten erfüllt: ›Nazarener‹ wird man ihn nennen.« (Mt 1,17-2,23).

2. WORIN SICH DIE GEBURTSGESCHICHTEN UNTERSCHEIDEN

Zwei sehr unterschiedliche Überlieferungen von Jesu Geburt, keine Frage. Aber in der kirchlich-liturgischen Tradition wurden diese in der Regel unbekümmert um alle Unterschiede synthetisiert. Wie selbstverständlich hat man die Geburtsgeschichten in eine harmonische Abfolge gebracht, bei der der eine Text den anderen aufs Beste ergänzte. Was bei Matthäus fehlt, ersetzt Lukas, wo Lukas etwas nicht tradiert, springt Matthäus ein. So ergab sich ein angeblich gesichertes, gefestigtes Ganzes.

Weihnachtsoratorien: Heinrich Schütz – Johann Sebastian Bach

Die beiden bekanntesten *Weihnachtskompositionen* in der Geschichte deutscher Musik arbeiten exakt so und haben das harmonische Bild von den Umständen von Jesu Geburt bis heute zementiert. So hält sich *Heinrich Schütz* (1585–1672) in seiner »Weihnachtshistorie« (ein Spätwerk dieses bedeutendsten Komponisten des 17. Jahrhunderts im deutsch-protestantischen Raum von 1664) zunächst ganz an den Text des Lukas-Evangeliums (2,1-21): Ankündigung der Volkszählung, Maria und Joseph auf Wanderschaft von Nazareth nach Bethlehem, Geburt, Engelserscheinung vor den Hirten, Hirtenhuldigung, Beschneidung des Neugeborenen und Namensgebung. Dann folgt organisch der Matthäus-Text (2,1-23): Auftauchen der »Weisen aus dem Morgenland« bei Herodes, Huldigung der Weisen, Flucht nach Ägypten, Rückkehr nach Nazareth nach des Herodes' Tod. Abgeschlossen wird der ganze Komplex noch mit einer Zitatenkombination aus dem weiteren Bericht des Lukas (der in der Zwischenzeit eine völlig andere Geschichte erzählt hatte): »Aber das Kind wuchs und war stark im Geist, voller Weisheit, und Gottes Gnade war bei ihm« (Lk 1,18 mit 2,52).

Ähnlich *Johann Sebastian Bach* (1685–1750) gut hundert Jahre nach Schütz. Der Leipziger Thomaskantor hatte sich in seinem »*Weihnachtsoratorium*« (komponiert gegen Jahresende 1734) zunächst einmal an die kirchlich vorgegebene Ordnung zu halten. Sechs Fest- bzw. Sonntage waren musikalisch zu gestalten, und sechs Kantaten liefert Bach, zumal 1735 nach Neujahr noch ein eigener Sonntag angefallen war. Nach der kirchlichen Leseordnung war dem Komponisten für die sechs Anlässe diese Schriftfolge vorgegeben:

1. Weihnachtstag: Geburt und Verkündigung an die Hirten: Lk 2,1-14;
2. Weihnachtstag: Anbetung der Hirten: Lk 2,15-20;
3. Weihnachtstag: Prolog des Johannes-Evangeliums: Joh 1,1-14;
Neujahr: Beschneidung und Namensgebung des Neugeborenen: Lk 2,21;
Sonntag nach Neujahr: Flucht nach Ägypten: Mt 2,13-23;
Epiphanias (6. Januar): Ankunft und Anbetung der Weisen: Mt 2,1-12.

Im Interesse einer logisch ablaufenden Handlung freilich nimmt Bach sich die Freiheit der Umstellung. Die Flucht nach Ägypten kann ja schlecht der Anbetung der Weisen vorausgegangen sein. Und der Prolog des Johannes-Evangeliums von der Fleischwerdung des ewigen Wortes Gottes hat mit den Geburtsgeschichten von Bethlehem nichts zu tun, stammt aus einer anderen Welt. Bach entschließt sich also, für sein Oratorium die offiziellen Lesungen des dritten Weihnachtstages und des Sonntags nach Neujahr wegzulassen und einen Kompromiss zu suchen zwischen den liturgischen Erfordernissen seiner Kirche und den musikalisch-textlichen Bedürfnissen seines »Oratoriums«.

Der Vorteil? Seine sechs Kantaten (Schütz vergleichbar) folgen jetzt einem plausiblen, Lukas und Matthäus harmonisierenden Duktus: Teil I-IV wird Lk 2,1.3-21 entnommen, die Teile V und VI Mt 2,1-6 und 2,7-12. Der Nachteil? Eine Wachheit für die Differenzen zwischen den Überlieferungen, geschweige denn für einzelne Widersprüche zwischen ihnen, kann bei Hörern des Bachschen »Weihnachtsoratoriums« nicht aufkommen. Vielen ist bis heute nicht bewusst, dass die Berichte des Matthäus und des Lukas in vielen Details »nicht nur verschieden, sondern unvereinbar« sind.[9] Umso spannender eine Nachprüfung durch präzise und vergleichende Lektüre.

Unterschiedliche Schauplätze

Unterschiede gibt es nämlich schon bei den Schauplätzen der Erzählung. Bei *Matthäus* bleibt der Ort der Engelserscheinung vor Joseph (Mt 1) ungenannt. Es folgt eine kurze Erwähnung Bethlehems als Geburtsort Jesu und Jerusalems als Sitz von König Herodes, dem die Sterndeuter auf den Leib rücken (Mt 2,1-12). Verlagerung des Schauplatzes dann nach Ägypten (Mt 2,13-15), anschließend kommt Nazareth in den Blick. Die matthäische Ortsfolge lautet also: Engelserscheinung vor Joseph (unlokalisiert) – Bethlehem – Jerusalem – Ägypten – Nazareth.

Bei *Lukas* dagegen sind die Schauplätze ganz anders transparent. Zunächst spielt alles in Jerusalem, wo dem Priester Zacharias im Tempel »ein Engel des Herrn« erscheint (Lk 1,11), dann kommt der Wohnort von Zacharias und Elisabeth im Raum Jerusalems in den Blick, später »Stadt im Bergland Judäas« genannt (Lk 1,39). Dann wird von der Engelserscheinung bei Maria in Nazareth berichtet. Es folgt die Wanderung Marias von Nazareth zum Wohnort Elisabeths, einschließlich Rückkehr nach Nazareth. Von dort aufgrund der Volkszählung Wanderung nach Bethlehem, Geburt des Kindes, nach der Geburt Wanderung zum Tempel nach Jerusalem. Schließlich Rückkehr nach Nazareth. Die lukanische Ortsfolge lautet also: Jerusalem – Bergland von Judäa – Nazareth – Bergland von Judäa – Nazareth – Bethlehem – Jerusalem – Nazareth.

Die Unterschiede zwischen beiden Evangelien im Blick auf die erwähnten Schauplätze könnten größer nicht sein.

Unterschiedliche Zeitenfolge

Und die Zeitenfolge? Gemeinsamkeiten zwischen beiden Evangelisten gibt es nur bei dem Faktum, dass Jesus noch zu Lebzeiten Herodes des Großen (ca. 73–4 v. Chr.) geboren sein muss (Mt 2,1; Lk 1,5). Das konfrontiert uns heute, die wir jahrhundertelang abhängig waren von alten Kalenderberechnungen, mit der Kuriosität, dass Jesus von Nazareth in einem Jahr »vor Christus« geboren sein dürfte.

Wichtiger noch: Beide Evangelisten kennen weder einen genauen Zeitraum (Jahreszeit) noch gar einen präzisen Zeitpunkt (Jahr oder Tag) von Jesu Geburt, was die Schwierigkeit der Alten Kirche erklärt, einen Tag für das Geburtsfest (25. Dezember/6. Januar) überhaupt festzulegen.[10] Der

25. Dezember ist erst im 4. Jahrhundert unter Kaiser Konstantin von der westlichen Kirche als Geburtsfest Christi bestimmt worden. Erstmals findet es sich in einem römischen Kalender für das Jahr 334! Der Grund für die Wahl des 25. Dezember ist in der Forschung umstritten. Konsens herrscht nur darin, dass nach astronomischen Berechnungen an diesem Tag die Wintersonnenwende einsetzt. Auf Seiten der Christen, gesteuert von dem Bedürfnis nach einem Geburtsfest für Jesus, nutzt man dies, weil man in Christus die »wahre Sonne« oder die »Sonne der Gerechtigkeit« erblickt. Damit hätte das christliche Geburtsfest keine »heidnischen« (etwa zur Ersetzung eines Festes des Sonnengottes »Sol invictus«), sondern rein astronomisch-symbolische Wurzeln. Augustinus etwa nennt den 25. Dezember den kürzesten Tag des Jahres, von dem an das Licht wieder zu wachsen beginne. Es sei der »Geburtstag des Tages«![11] Die meisten Christen des Ostens aber feiern Christi Geburt oder sein Erscheinen am 6. Januar, dem Tag, der nicht zufällig »Epiphanias« genannt wird: »Erscheinung« des Herrn. Nach dem Kirchenvater Clemens von Alexandria im 2. Jahrhundert n. Chr. gedachten andere Gemeinden des Ostens diesem Ereignis am 21. April oder 20. Mai.

Eine präzise Lektüre der Texte ergibt im Blick auf die Chronologie folgenden Befund: Bei *Matthäus* ist die Zeitenfolge undurchsichtig. Klar scheint nur zu sein: Die Engelserscheinung vor Joseph (Mt 1) erfolgt offensichtlich neun Monate vor Jesu Geburt. Nach der Geburt macht sich Joseph aufgrund einer erneuten Engelserscheinung sofort auf nach Ägypten, wo er »bis zum Tod des Herodes« bleibt. Genaues erfahren wir nicht. Nach dem Tod des Herodes zieht Joseph (wiederum aufgrund einer Engelserscheinung) mit Frau und Kind nach Nazareth. Die distanzierte Erwähnung in Mt 2,23, dass Joseph sich »in der Stadt Nazareth« niedergelassen habe (und auch dies nur aufgrund eines erneut im Traum erfolgten göttlichen Befehls), lässt darauf schließen, dass den Eltern Jesu Nazareth vorher gar nicht bekannt gewesen sein kann. Der von Matthäus angegebene Zeitraum für das Gesamtgeschehen zwischen Engelsankündigung und Wohnungsnahme in Nazareth muss mehrere Jahre umfasst haben.

Anders bei *Lukas*. Gewiss: Gerade seine *äußere Chronologie* mit den Angaben geschichtlicher Personen (die Gleichzeitigkeit von Kaiser Augustus, Herodes des Großen und Quirinius: Lk 2,1) verwickeln uns historisch in unüberwindliche Schwierigkeiten. Quirinius wird nach den uns verfügbaren historischen Quellen erst 6 n. Chr. syrischer Statthalter, zu einer Zeit also, als Herodes schon nicht mehr und Jesus längst lebt. Außerdem ist eine reichsweite Steuererhebung unter Kaiser Augustus

(37 v. – 14 n. Chr.) zur angegebenen Zeit aus außerchristlichen Quellen nicht belegbar. Wir können also die von Lukas vorgenommene zeitliche Parallelisierung der Geburt unter Herodes mit einem Zensus unter Quirinius historisch nicht verifizieren. Und doch ist die *immanente Chronologie* der lukanischen Erzählung durchaus präzise und transparent. Das geht schon aus der Verflechtung mit der Geburtsgeschichte Johannes' des Täufers hervor. Mehr noch: Acht Tage nach der Geburt wird die Beschneidung Jesu vollzogen (Lk 2,21), 40 Tage später die gesetzlich vorgeschriebene »Reinigung« seiner Mutter Maria im Jerusalemer Tempel (Lk 2,22-24). Unmittelbar nach dem Besuch Jerusalems erfolgt die Rückkehr nach Nazareth (Lk 2,39).

Daraus folgt: Die Evangelien-Texte sind nicht nur in einzelnen Punkten der Geographie und Chronologie divergent oder sogar widersprüchlich:

– Nur *Lukas* berichtet von einer Beschneidung Jesu und einem Besuch im Jerusalemer Tempel. Bei *Matthäus* davon kein Wort. Deshalb weiß er auch nichts von der Begegnung des Neugeborenen dort mit einem alten Mann namens Simeon (Lk 2,25-32) und einer Prophetin namens Hanna (Lk 2,36-38).

– Bei *Lukas* wohnen Maria und Joseph schon vor der Geburt ihres Kindes in Nazareth (Lk 1,26) und kehren deshalb nach der Geburt ihres Kindes wie selbstverständlich in diese Stadt zurück (Lk 2,39). Bei *Matthäus* ist Nazareth erst nach der Geburt Jesu ein relevanter Ort.

– Bei *Matthäus* kommt es nach der Geburt und der Sterndeuter-Huldigung unmittelbar zur Flucht nach Ägypten, bei *Lukas* kommt es nach der Hirten-Huldigung zur Beschneidung und der Reinigung im Tempel zu Jerusalem. Beides kann nicht gleichzeitig wahr sein.

– Während bei *Lukas* sich das Gesamtgeschehen in einem erkennbaren Zeitraum von gut 16 Monaten abspielt (im sechsten Monat der Schwangerschaft Elisabeths erfolgt die Empfängnis Jesu, nach neun Monaten kommt er in Bethlehem zur Welt, nach »acht Tagen« erfolgt die Beschneidung, nach wenigen Wochen die Reinigung der Mutter im Tempel), setzt *Matthäus* eine Zeitspanne von mehreren Jahren voraus. Beides kann ebenfalls nicht gleichzeitig wahr sein.

Die je andere Rolle des Täufers

Erhebliche Unterschiede finden sich auch im *kompositorischen Aufbau* zwischen den Evangelien des Matthäus und des Lukas, was Konsequenzen hat für das jeweilige theologische Profil. Konkret heißt das:

Matthäus setzt einen *Stammbaum Jesu* ganz an den Anfang seiner Geburtsgeschichte (Mt 1,1-17), Lukas dagegen an das Ende, kurz vor dem öffentlichen Auftreten, als Jesus schon 30 Jahre alt ist (Lk 3,23-38). Während Matthäus als Judenchrist das Interesse hat, Jesus mit den Hauptträgern der göttlichen Verheißungen an Israel, mit Abraham und David und so mit der davidischen Nachkommenschaft zu verbinden, ist der Stammbaum von Lukas, dem Heidenchristen, erkennbar universalistischer. Von Abraham ist bei ihm nicht die Rede, wohl aber führt er die Abstammung Jesu auf Adam, ja letztlich auf Gott zurück (Lk 3,23-38). Ist Jesus bei Matthäus als Abrahams- und Davidssohn qualifiziert, so bei Lukas als Nachkomme Adams, der wie Adam auf Gottes Initiative allein (also ohne irdischen Vater) ein neues Menschengeschlecht begründet. Jesus als Adams-Sohn! Wir werden diesem wichtigen Motiv auf andere Weise im Koran wieder begegnen (vgl. zu Sure 3,59-64 unsere Ausführungen in Teil V/1-2).

Ähnlich bei den *Täufergeschichten* um Johannes, Sohn von Zacharias und Elisabeth. Auch ihnen werden wir im Koran wieder begegnen. *Lukas* baut sie ganz anders aus als Matthäus. Nur er kennt überhaupt eine eigene Geburtsgeschichte für Johannes, setzt diese programmatisch vor die von Jesus, verknüpft beide Geschichten durch die Figuren Maria und Elisabeth und gibt überdies dem Vater von Johannes, Zacharias, durch einen theologisch und sprachlich präzise komponierten Hymnus (Lk 1,67-79) starkes Profil. Mehr noch: Nach der Geburt Jesu kommt Lukas auf den Täufer noch einmal zurück, um über dessen öffentliches Auftreten zu berichten (Lk 3,1-22). *Matthäus* dagegen kennt keine Geburtsgeschichten um Johannes. Für ihn ist der Täufer erst kurz vor dem öffentlichen Auftreten Jesu interessant, in einer kurzen Szene (Mt 3,1-17), die den Täufer zur bloßen Kontrastfigur Jesu macht, ohne wie Lukas an dessen weiterem Schicksal interessiert zu sein (Lk 3,19 f.), zum bloßen Vorläufer also, der überboten wird von dem, der ganz anders als er »mit dem Heiligen Geist und mit Feuer taufen« wird (Mt 3,11; vgl. Lk 3,16).

Die Geburt Jesu – verschieden erzählt

Bedeutende Unterschiede auch hinsichtlich der Geburtsgeschichte Jesu selbst. Der Koran wird sie auf seine Weise zu deuten wissen. Nach Präsentierung seines Stammbaums kommt *Matthäus* ohne weitere Überleitung und Zwischenschritte gleich zur Sache. Schon seine *Vorgeburts-Information* ist in ihrer lapidaren Kürze kaum noch zu unterbieten: »Noch bevor seine Mutter Maria und Joseph, dem sie verlobt war, zusammenkamen, zeigte es sich, dass Maria schwanger war vom Heiligen Geist …« (Mt 1,18). *Lukas* dagegen baut die Szene narrativ ganz anders aus, gibt uns Lesern mehr an Informationen. Bei ihm bleibt der Engel nicht anonym, sondern trägt einen Namen: Gabriel. Bei ihm erscheint der Engel nicht Joseph (wie bei Matthäus durchgehend), sondern allein Maria. Bei ihm bleibt der Ort der Begegnung Engel – Maria nicht unbekannt, sondern wird konkret bezeichnet: eine Stadt in Galiläa namens Nazareth. Bei ihm ist alles auf Maria fokussiert: Von ihrer Auszeichnung wird berichtet, ihr wird die Größe ihres künftigen Sohnes geschildert, ihre Reaktion bleibt im Blick (»Wie kann das geschehen? Ich bin mit keinem Mann zusammengewesen?«, Lk 1,34).

Woran Matthäus offensichtlich das größte Interesse hat, darüber bei Lukas kein Wort. *Matthäus* lässt seinen Engel Joseph gegenüber sofort die soziale Problematik ansprechen, im Wissen darum, dass eine Frau, die noch nicht verheiratet ist und ein Kind erwartet, skandalträchtig ist. Joseph muss – gewissermaßen auf göttlichen Eingriff hin – ruhiggestellt werden: »Fürchte dich nicht, Maria als deine Frau zu dir zu nehmen; denn das Kind, das sie erwartet, ist vom Heiligen Geist« (Mt 1,20). Matthäus weiß also, dass die Verwendung des Motivs Geistzeugung und Jungfrauengeburt sozial prekär ist. Das Hindernis muss deshalb »theozentrisch« beseitigt werden, sprich: mit Hilfe eines göttlichen Eingriffs. Einen solchen Eingriff um sozialpsychologischer Krisenprophylaxe willen findet *Lukas* offensichtlich nicht nötig. Er kennt von alldem nichts. Das Gefühl, etwas Unmögliches zu erwarten, bleibt bei ihm ganz in der Intimität von Engel und Maria (Lk 1,34). Während also Matthäus ganz aus der Perspektive des Mannes und der Öffentlichkeit erzählt, erzählt Lukas ganz aus der Perspektive der Frau und der Intimität. Unterschiedlicher könnten die Perspektiven kaum sein.

Bei der *Geschichte von der Geburt* verhält es sich ähnlich. *Matthäus* weiß von dem, was Lukas berichtet, offensichtlich nichts, erzählt so prosaisch und nüchtern wie nur möglich. Eine Geburtsschilderung, eine Legende sähen anders aus. Lapidar setzt Matthäus Jesu Geburt als bereits geschehen voraus. Gleich nach der Engels-Szene mit Joseph – offensichtlich des Nachts im Traum (Mt 1,20-25) – berichtet er mit einem einzigen Satz von nichts als dem Faktum der Geburt, um dann sofort auf den Sterndeuter-Besuch in Jerusalem umzuschwenken:

>»Jesus wurde zur Zeit des Königs Herodes in Bethlehem, im Lande Judäa, geboren. Eines Tages kamen Sterndeuter aus dem Osten in die Stadt Jerusalem und fragten nach dem neugeborenen König der Juden: ›Wir haben gesehen, wie sein Stern aufging, im Osten, und sind gekommen, um vor ihm niederzuknien und ihn anzubeten.‹« (Mt 2,1-2)

Beiläufiger kann man die Geburt in Bethlehem kaum erwähnen. Matthäus geht denn auch sofort von den Sterndeutern über auf die Figur des König Herodes, dem er erstaunlich viel Raum gibt: Zusammenrufen der Hohenpriester und Schriftgelehrten, Dialog mit den Sterndeutern, geheucheltes Interesse an dem Neugeborenen, Täuschung durch die Sterndeuter, Kindermord in Bethlehem. Daraus folgt:
- *Theologisch* hat Matthäus sichtlich das Interesse, durch die Einführung der »Sterndeuter aus dem Osten« messianische Verheißungen über die Huldigung der Völker an den Messias Israels einzubringen.
- *Kompositorisch* hat die Herodes-Episode die Funktion, die Flucht nach Ägypten vorzubereiten, denn diese Flucht wird theologisch »gebraucht«, um in Jesus eine Prophetenweissagung erfüllt sein zu lassen, den Satz des Propheten Hosea nämlich: »Aus Ägypten habe ich meinen Sohn gerufen« (Hos 11,1; Mt 2,15). Jesus, der »Sohn Gottes« und »neuer Mose«, muss – in der Nachfolge des alten Mose – ebenfalls »aus Ägypten« kommen. Die Parallelkonstruktion Mose – Jesus ist ganz und gar auffällig. Im Buch Exodus heißt es:

>»Mach dich auf, und kehr nach Ägypten zurück; denn alle, die dir nach dem Leben getrachtet haben, sind tot. Da holte Mose seine Frau und seine Söhne ...« (Ex 4,19 f.)

Im Matthäus-Evangelium entsprechend:

>»Als Herodes gestorben war, erschien Joseph, in Ägypten, ein Engel im Traum und sagte zu ihm: ›Steh auf, und zieh mit dem Kind und seiner Mutter in das Land Israel. Denn die Feinde, die das Kind töten wollten, leben nicht mehr.‹ Da stand Joseph auf und zog mit dem Kind und der Mutter heim ...« (Mt 2,19 f.)

Lukas dagegen ist ganz anders an der Bethlehem-Tradition interessiert. Nur er erwähnt eine Volkszählung unter Kaiser Augustus, durch die der Ortswechsel von Maria und Joseph motiviert wird: »aus der Stadt Nazareth nach Judäa hinauf, in die Stadt Davids, die Bethlehem heißt« (Lk 2,4). Nur er kennt in Bethlehem den Ort und die Umstände der Geburt: »eine Krippe im Stall, denn im Haus war keine Bleibe für sie« (Lk 2,7). Nur er kennt eine Engelserscheinung vor Hirten des Nachts bei Bethlehem und eine Huldigung der Hirten (Lk 2,8-20). Nur er weiß von nachgeburtlichen Ereignissen im Tempel zu Jerusalem mit Simeon und Hanna. Unterschiedlichere Traditionen kann man kaum in ein und derselben Geschichte verarbeiten. Herberge, Krippe, Hirten, Beschneidung und Tempelbesuch? Bei Matthäus davon kein Wort. Umgekehrt weiß Lukas nichts vom Sterndeuterbesuch, der Flucht nach Ägypten und dem Kindermord in Bethlehem.

3. DIE GEMEINSAME GRUNDBOTSCHAFT

Und doch – trotz aller unterschiedlichen, zum Teil widersprüchlichen Informationen in Einzelfragen: Beide neutestamentlichen Geburts-Geschichten stimmen in der theologischen und sozialen Grundbotschaft auffallend überein:

Für Gott ist nichts unmöglich

Mit der Geburt Jesu ist *durch Gott eine neue Initiative* erfolgt. Gott handelt wieder neu – befreiend, erlösend, Schuld vergebend. Der Himmel ist gewissermaßen durchlässiger geworden, durchlässiger jedenfalls als früher, ja durchlässig wie früher zu Zeiten Abrahams, bei dem ebenfalls Engel ein- und ausgingen und eine alte Frau wie Sara fruchtbar wird. Elisabeth ist erkennbar als Sara-, Zacharias als Abraham-Figur konzipiert (vgl. Gen 18,11). Es herrscht Frühzeit-Stimmung in dieser Spätzeit Israels, eine Stimmung wie zur Zeit der Erzeltern. Nicht zufällig ist die *theologische Spitzenaussage* der lukanischen Verkündigungs-Szene an Maria ein Zitat aus der entsprechenden Geschichte mit Abraham und Sara, in beiden Fällen auffälligerweise vorgetragen von einem Engel: »Für Gott ist nichts unmöglich« (vgl. Lk 1,37 mit Gen 18,14).

Maria also steht in einer großen Tradition jüdischer Mütter, an denen Gott ebenfalls überraschend-befreiend handelte: An Frauen, lange Zeit ohne Kind, dann auf wundersame Weise durch Gott wieder fruchtbar. Zu denken ist an Isaaks Frau Rebekka (Gen 25,21-24), zu denken ist an Jakobs Frauen Lea und Rachel (vgl. Gen 29,31; 30,2) sowie an Hanna, die Mutter des Propheten Samuel (1 Sam 1,1-20). Nicht zu vergessen aber auch die Geschichte des Mannes, der Israel aus der Hand der Philister gerettet hat, Simson. Auch dessen Mutter ist zunächst unfruchtbar. Auch ihr erscheint ein Engel mit der Botschaft »Gewiss, du bist unfruchtbar und hast keine Kinder; aber du sollst schwanger werden und einen Sohn gebären … Es darf kein Schermesser an seine Haare kommen; denn der Knabe wird von Geburt an ein Gott geweihter Nasiräer sein« (Ri 13,3-5). Nicht zu vergessen schließlich Ismael, dessen Mutter Hagar ebenfalls eine Engelserscheinung gewährt wird: »Du bist schwanger, du wirst einen Sohn gebären und ihn Ismael (Gott hört) nennen; denn der Herr hat auf dich gehört in deinem Leid« (Gen 16,11). In allen Fällen handelt es sich um ein besonderes geistmächtiges Zeichen Gottes an Frauen, die entweder aus Altersgründen keine Kinder mehr haben können oder noch nie Kinder hatten. »Denn für Gott ist nichts unmöglich …«

Weil aber der Himmel mit der Ankunft Jesu wieder durchlässiger wurde, können in den Geburtsgeschichten Jesu
- *Engel* wieder wie selbstverständlich als Boten Gottes ein- und ausgehen. Sie sind Figuren der Deutung und der Führung des Geschehens;
- *Zeichen* am Himmel erscheinen: die Engel den Hirten auf dem Feld, der Stern den Magiern auf dem Weg nach Bethlehem;
- *nächtliche Träume* eine wichtige Rolle spielen. Bei Matthäus erscheint der Engel dem Joseph grundsätzlich des Nachts im Traum; bei Lukas erfolgt die Engelserscheinung vor den Hirten ebenfalls des Nachts. »In der Nacht« brechen die Hirten auf, um Maria, Joseph und das Kind in der Krippe zu finden. In der Nacht bricht Joseph nach Ägypten auf. Nächtliche Zeiten, Träume insbesondere, sind auch im Neuen Testament Medien der Begegnung des Göttlichen mit dem Menschlichen.

Unterbrechung: Die Kraft des Geistes Gottes

Dass Gott selbst die Initiative in diesem Geschehen hat, zeigt sich vor allem an der Unterbrechung des natürlichen Ablaufs einer menschlichen Geburt, gerade im Falle Jesu. Das unterscheidet den Nazarener von Isaak, Joseph und dessen Brüdern, von Samuel, Simson und Ismael. Denn beide Evangelisten legen Wert darauf: *Gottes Geist* zeugt dieses Kind, nicht ein Mensch. Göttliche Kraft war und ist hier am Werk, nicht männliche Potenz. Symbolkräftig wird so der *Zäsurcharakter* dieses Ereignisses herausgestellt. Nicht menschliche Geschichte und menschliche Physis zählen, sondern *Gottes* Geist, *Gottes* Kraft – entsprechend dem Satz des Engels an Maria aus dem Lukas-Evangelium:

»Der Heilige Geist wird dich überkommen,
die Höchste Macht wird dich überschatten,
das Kind wird heilig sein,
denn es ist Gottes Sohn.
Auch Elisabeth, die dir verwandt ist,
hat ein Kind empfangen und trägt es
schon sechs Monate lang,
obwohl sie als unfruchtbar galt,
dürr und betagt,
aber für Gott ist nichts unmöglich.« (Lk 1,35-37)

Dies ist in der Tat die *theozentrische Pointe* beider Geburtsgeschichten. Was missverständlich »Jungfrauengeburt« genannt wird (als käme es hier biologistisch reduziert auf die Jungfrauenschaft einer Frau an), ist theologisch präzise bei Matthäus und Lukas »Geistzeugung«, »Geistschöpfung«. Entscheidend dabei (auch später für unser Verständnis der entsprechenden Aussagen im Koran): Das »wie« dieser Zeugung durch Gottes Geist wird nirgendwo genannt, geschweige denn ausgemalt. Das unterscheidet das Neue Testament von antiken Mythologien. Zur Zeit der Entstehung der neutestamentlichen Geburtsgeschichten können wir mythologische Zeugungsgeschichten zwischen einem Gott und einer Frau durchaus als bekannt voraussetzen:

– *Herakles* entstammt der Verbindung von Zeus mit Alkmene;
– *Perseus* entstammt der Verbindung von Zeus mit Danaë;
– *Romulus* und *Remus* entstammen der Verbindung von Mars mit Rhea.

Entsprechende gott-menschliche Zeugungsgeschichten kennt man auch von großen Gestalten der Antike: von Herrschern wie Alexander dem Großen und Augustus, sowie von Philosophen wie Platon und Pythagoras.

Matthäus und Lukas aber haben gerade nicht ein heidnisch-mythologisches, sondern ein jüdisch-pneumatologisches Verständnis von Zeugung. Der Geist (hebr.: *ruach*; griech.: *pneuma*) Gottes ist hier die wirksame Kraft. Das wahrt Gottes Transzendenz bei aller Immanenz. Die beiden entscheidenden Aussagen im Lukas-Evangelium sind denn auch außerordentlich zurückhaltend, fast schon keusch, aber dennoch konkret, Lk 1,35:
- »Der Heilige Geist wird über dich kommen.«
- »Die höchste Macht wird dich überschatten.«

Das will sagen (und ich folge hier der Auslegung des Tübinger Neutestamentlers *Peter Stuhlmacher*): »Wie der Geist Gottes uranfänglich über den Wassern schwebte und das Schöpfungsgeschehen bestimmte (vgl. Gen 1,2; Ps 33,6), wird es nun mit Maria geschehen. Und: Wie einst die Stiftshütte (das Modell des Tempels von Jerusalem) von der Wolke der Gegenwart Gottes überschattet wurde (vgl. Ex 40,35), wird es Maria widerfahren. An ihr wird die Schöpferkraft des einzig-einen Gottes wirksam, der durch sein geistmächtiges Wort das Nichtseiende ins Sein ruft (vgl. Röm 4,17).«[12] Schöpfungstheologie also ist in der Geschichte um Jesu Geburt erkenntnisleitend. »Schöpfung aus dem Nichts« leuchtet hier auf. Gott ist hier am Werk, von dem Paulus im Römerbrief sagen kann: »Er macht die Toten lebendig und ruft das, was nicht ist, ins Dasein« (Röm 4,17).

Lk 1,35 weist also zurück auf die Uranfänge der Schöpfung. Adam und Jesus entsprechen sich. Alte Schöpfung – neue Schöpfung. Alter Mensch – neuer Mensch. Wir verstehen nun besser, warum Lukas seinen Stammbaum von Jesus auf Adam zurückführt: Adam ist das erste Gottesgeschöpf, Jesus, der Adamssohn, ist der Letzte in einer großen Reihe geistgewirkter Gottesgeschöpfe (Lk 3,38).

Beide also, Adam und Jesus, existieren durch das Schöpferwort Gottes allein. »Wie die schöpfungstheologischen Erzählungen Versuche sind«, so der in Paderborn lehrende katholische Neutestamentler *Hubert Frankemölle*, »das Geheimnis der Welt von Gott her zu deuten, so ist auch die Erzählung von der Jungfrauengeburt als ein Versuch zu interpretieren, eine gläubige Deutung für die Überzeugung zu liefern, dass Jesus – wie Adam und Immanuel in Jes 7,14 – den Beginn seiner Existenz, die Empfängnis ganz dem schöpferischen Wirken von Gottes Geist verdanken. Dies gilt, auch wenn die Parallelen nicht ganz stimmen, da weder beim Werden Adams Jungfrauengeburt und Geistzeugung genannt werden

noch in Jes 7,14 beim Werden des Immanuel aus der Jungfrau von Geistschöpfung die Rede ist. Dennoch wird hier und dort die belebende Schöpfermacht Gottes vorausgesetzt.«[13] Wir werden auf die entsprechenden
Aussagen des Koran in Sure 3,59-64 zurückzukommen haben (in Teil
V, 1–2).

Eine Atmosphäre von Aufbruch und Neubeginn also ist in den neutestamentlichen Geburtsgeschichten zu spüren. Der Jesuit *Friedrich Spee von
Langenfeld* (1591–1635), in seiner Zeit ein tapferer Kämpfer gegen Hexen-
prozesse und zugleich ein großer Dichter, hat in einem Weihnachtslied des
Jahres 1622 diese Stimmung in bildkräftige drei Strophen gebracht. In der
Sprache des Barock ist ihm eine kongeniale Interpretation dieser Dimension der neutestamentlichen Geburtsgeschichte gelungen:

»O Heiland, reiß die Himmel auf,
herab, herab vom Himmel lauf.
Reiß ab vom Himmel Tor und Tür,
reiß ab, wo Schloss und Riegel für.

O Gott, ein' Tau vom Himmel gieß,
im Tau herab, o Heiland, fließ.
Ihr Wolken, brecht und regnet aus
den König über Jakobs Haus.

O Erd, schlag aus, schlag aus, o Erd,
dass Berg und Tal grün alles werd.
O Erd, herfür dies Blümlein bring,
o Heiland, aus der Erden spring.«

Man vergegenwärtige sich diese Bilder, spreche diese hochdynamisierte
Sprache noch einmal nach: Als »Heiland«, sprich: Erlöser, soll Jesus den
Himmel *aufreißen*, gleichsam das Tor des Himmels *sprengen*. Wolken sol-
len den gottgesandten Retter *ausbrechen* und *ausregnen* lassen. Ersehnt
also wird einer, der die Erde neu befruchtet, sodass Berg und Tal »grün«
werden. Sinnlicher kann man den mit Jesu Geburt erfolgten messianischen
Aufbruch kaum sprachlich fassen als mit so expressiven, dynamischen
Verben: *reißen, laufen, gießen, fließen, brechen, schlagen, springen …*

Ein Signal für Israel und die Weltvölker

Die mit Jesu Geburt sichtbar gewordene geistmächtige Initiative Gottes gilt vor allem seinem Volk: Israel. Und über Israel hinaus der Welt der Heidenvölker. Mit dem Neugeborenen ist der seit Jahrhunderten erwartete Messias Israels endlich erschienen: an dieser Überzeugung lassen beide Texte keinen Zweifel. Ja, sie tun durch ein feingesponnenes Netz von textuellen Deutungssignalen viel, um dies unabweisbar zu machen. Deshalb spielen Prophetenworte in beiden Berichten eine große Rolle: ob Jesaja im Blick auf die junge Frau, die ein Kind empfangen wird (Mt 1,23; Jes 7,14); ob der Prophet Micha im Blick auf Bethlehem, die alte Davids- und Messias-Stadt (Mt 2,5f; Mi 5,1), der Prophet Hosea im Blick auf Ägypten (Mt 2,15; Hos 11,1) oder der Prophet Jeremia im Blick auf den Kindermord in Bethlehem (Mt 2,16-18; Jer 31,15).

Gerade *Matthäus* ist in höchstem Maße daran interessiert, das Erscheinen Jesu einzubetten in die Geschichte des Volkes Israel und dessen messianische Erwartungen. Von daher zu Beginn seines Evangeliums der Stammbaum: Jesus Christus programmatisch herausgestellt als »Sohn Davids, Sohn Abrahams« (Mt 1,1). Insbesondere der Einbau der Ägypten-Szene ist, wie wir sahen, von hoher theologisch-symbolischer Bedeutung. So wie der alte Mose aus Ägypten kam, so soll auch der neue Mose, Jesus, aus Ägypten kommen. Signalisiert ist damit: Die Geburt Jesu ist der Anfang eines neuen Exodus des Volkes Israel – nicht wie früher aus der physischen, sondern aus der geistig-moralischen Versklavung, aus der Verfallenheit an die Verblendung:

> »Sie wird dir einen Sohn gebären, dem du den Namen ›Jesus‹ geben sollst. (das heißt: ›Gott wird dir helfen‹), denn er wird sein Volk von den Sünden erlösen.« (Mt 1,21)

Gottes Initiative aber gilt über Israel hinaus auch den *Menschen aus der Völkerwelt*. Auch daran lassen beide Evangelisten keine Zweifel. Beide wissen ja, dass die Bekehrung ganz Israels am Ende gescheitert ist. Deshalb ist Matthäus von Anfang an die Sterndeuter-Huldigung wichtig. Nichtjuden »aus dem Osten«, Repräsentanten der Heidenvölker, huldigen Jesus, während »ganz Jerusalem« zuerst erschrickt, um sich dann entweder Jesu Messianität zu verweigern oder das Neugeborene mit Mordplänen zu beseitigen. Dass in späterer christlicher Überlieferung die orientalischen Astrologen zu »Königen« hochstilisiert werden konnten, geht darauf zurück, dass Matthäus (in 2,11) mit den überbrachten Geschenken der Sterndeuter (Gold, Weihrauch, Myrrhe) auf das 60. Kapitel des Buches Jesaja anspielt. Hier heißt es zum einen: »Völker wandern zu deinem Licht und Könige zu deinem strahlenden Glanz« (Jes 60,3). Und nur wenige Verse im selben Kapitel weiter: »Alle […] bringen Weihrauch und Gold und verkünden die ruhmreichen Taten des Herrn« (Jes 60,6; Mt 2,11). Dieses Zitat erklärt auch die spätere Dreizahl der angeblichen »Könige«, von der bei Matthäus selber ja keine Rede ist (vgl. Mt 2,1). Sie ist offensichtlich von der Anzahl der Geschenke abgeleitet, die bei Matthäus aufgezählt werden: »Gold, Weihrauch und Myrrhe«, mit der Vorstellung, jedes Geschenk sei von einem anderen Besucher überreicht worden.

Und *Lukas*? Auch er betont im Blick auf seine Adressaten (Heidenchristen) sogar stärker noch als Matthäus die Bedeutung Jesu nicht nur für Israel, sondern auch für die Völkerwelt. Durch kunstvoll komponierte Hymnen, die entweder Maria (»Meine Seele preist Gott«: Lk 1,46-55), Zacharias (»Der Herr sei gepriesen, Israels Gott!«: Lk 1,68-79) oder Simeon (»Herr, die Zeit ist gekommen, da du mich in Frieden ziehen lässt«: Lk 2,29-32) in den Mund gelegt werden, wird die Doppelperspektive Stück für Stück vorbereitet. Im Lobgesang der Maria heißt es noch, Gott habe sich mit der Ankunft Jesu *Israels*, »seines Knechtes«, wieder angenommen, sei so »barmherzig« gewesen, wie er es »unseren Vätern« versprochen habe, »Abraham und seinen Kindern« (Lk 1,54 f.). Auch bei Zacharias, immerhin Priester im Tempel zu Jerusalem, zunächst noch dieselbe innerjüdische Perspektive: Jetzt habe Gott *Israel* »gerettet« vor seinen »Feinden«; er habe »den heiligen Bund« nicht vergessen, den »Schwur«, den er Abraham geschworen habe. Er, Jesus, werde »seinem Volk« verkünden: »Es gibt Rettung, die Schuld wird vergeben, Gott ist barmherzig« (Lk 1,71-73; 77). Aber schon im Loblied des Simeon werden »die Völker« ausdrücklich einbezogen:

>»Herr, die Zeit ist gekommen,
> da du mich in Frieden ziehen lässt,
> deinen Knecht.
> Denn meine Augen haben das Heil gesehen:
> den Retter, den du den Völkern gesandt hast,
> sichtbar vor allen,
> den Fremden leuchtend,
> und ein Ruhm und Glanz für Israel,
> dein Volk.« (Lk 2,29-32)

Daraus folgt:

Neben die theozentrische Perspektive (»Denn für Gott ist nichts un-
möglich«, Lk 1,37) tritt bei beiden Evangelisten die christozentrische: Es
ist Jesus, der das geistgewirkte Zeichen Gottes ist, »der Messias, der
Herr« (Lk 2,11), »Sohn des Höchsten«, »Sohn Gottes« (Lk 1,32; 1,35).
Mit ihm beginnt eine neue Zeit. Das »Unmögliche«, das Gott neu zu tun
imstande ist, geschieht also nach den neutestamentlichen Berichten an
Jesus, durch Jesus und mit Jesus – und zwar auf eine Weise, die theolo-
gisch und politisch bisherige Gottes- und Messiasbilder sprengt. Uner-
wartet schon, dass der Messias Israels als Krippenkind zur Welt gekom-
men sein soll.

4. KEIN WELTFRIEDEN OHNE
WELTGERECHTIGKEIT

Wichtig auch: Beide Evangelisten betonen auffälligerweise die Niedrigkeit
des Messias Jesus. Nicht wie die heidnischen Göttersöhne mit Hoheit und
Macht kommt dieser Gottessohn zur Welt, sondern – das zeigt insbesondere Lukas – in Bescheidenheit und Niedrigkeit.

Ein Messias in der Krippe

Mit Sozialromantik hat das nichts zu tun. *Lukas* verklärt nicht die Armut
von Herberge und Krippe, sondern spricht nüchtern und wie nebenbei
vom Faktum: Es waren die Umstände der Reise, die keine Wahl ließen (Lk
2,7). Auch werden Maria und Joseph nicht als Repräsentanten des »Arme-
Leute-Milieus« geschildert, wie spätere Klischees es wollen. Dass Maria
und Joseph im sozialen Sinn »arm« waren, findet sich Lukas nicht; nach
Matthäus ist es sogar unwahrscheinlich. Später erwähnt er einmal als »soli-

den« Beruf des Joseph den des »Zimmermanns« (vgl. Mt 13,55). Nicht also über eine angebliche soziale Armut von Jesu Familie gewinnt Lukas das Niedrigkeitsmotiv, sondern über die Wirkung und Anziehung des Neugeborenen auf die unteren sozialen Schichten, auf ein anderes Israel als das des politischen und religiösen Establishments.

Warum dann aber Hirten als Adressaten? Man hat in der Auslegungsgeschichte darauf verwiesen, dass im rabbinischen Judentum Hirten zu den verachteten Berufsständen gehörten, da sie die strengen Reinheitsvorschriften der Tora nicht hätten einhalten können. Ob Lukas deshalb Hirten auftreten lässt, muss offen bleiben. In jedem Fall scheint klar, dass die Hirten ein anderes Israel verkörpern und *deshalb* Adressat der messianischen Verkündigung sind. Nicht zufällig lautet ja der messianisch gedeutete Spruch aus dem Propheten Micha:

»Aber du, Bethlehem-Efrata,
so klein unter den Gauen Judas,
aus dir wird mir einer hervorgehen,
der über Israel herrschen soll.
Sein Ursprung liegt in ferner Vorzeit,
in längst vergangenen Tagen.
Darum gibt der Herr sie preis,
bis die Gebärende einen Sohn geboren hat.
Dann wird der Rest seiner Brüder heimkehren
zu den Söhnen Israels.
Er wird auftreten und ihr Hirt sein
in der Kraft des Herrn,
in hohem Namen Jahwes, seines Gottes.
Sie werden in Sicherheit leben;
denn nun reicht seine Macht
bis an die Grenzen der Erde.
Und er wird der Friede sein.« (Mi 5,1)

Bethlehem ist somit David-Stadt, Messias-Stadt. David ist Hirte gewesen. Israel Hirtenvolk. Und diesem Volk wird in Micha 5 der messianische Hirte verheißen. Er soll aus der Geburtsstadt Davids (vgl. 1 Sam 20,6), dem kleinen Bethlehem in Juda, hervorgehen, das Gottesvolk vor seinen Feinden schützen und das Zeitalter des Friedens für Israel heraufführen. Soweit Lukas.

Auch *Matthäus* macht das Niedrigkeitsmotiv auffälligerweise nicht an sozialen Faktoren fest. Bei ihm kommt das Neugeborene ohnehin nicht in einer Krippe zur Welt, sondern offensichtlich in einer normalen Behausung. Die Sterndeuter jedenfalls finden das neugeborene Kind ganz selbstverständlich »in einem Haus« (Mt 2,11). Bei Matthäus kommt das Niedrigkeitsmotiv vor allem über das Todesmotiv hinein, kompositorisch ebenfalls eine symbolische Vorwegnahme des Gesamtschicksals Jesu. Deutlich soll werden: Von Anfang an ist das Leben dieses »Messias« vom Tod überschattet. Entweder ist es selber vom Tod bedroht (Herodesmord) oder Auslöser von Tod (Kindermord). Von Anfang an in diesem Leben Klage und Tränen. Die Trostlosigkeit der Mutter Rachel, eingespielt durch das Jeremia-Zitat (Mt 2,18; Jer 31,15), liegt über der Szene. Sie nimmt die der trauernden Frauen bei der Passion Jesu vorweg (vgl. Mt 27,55 f.). Auffällig auch: »König der Juden«, wie die Sterndeuter sich Herodes gegenüber ausdrücken, wird Jesus erst wieder in der Passionsgeschichte genannt (vgl. Mt 27,11.29.37). Die Formulierung setzt den Neugeborenen von Anfang an in Gegensatz zu »König« Herodes. Kompositorisch werden so Anfang und Ende der Geschichte Jesu im Zeichen des Todes verklammert. All das ist kein überzeitlicher Mythos; es hat Bodenhaftung in Raum und Zeit.

Was Jesus von Buddha und Laotse unterscheidet

Das ist nicht in allen Weltreligionen in gleicher Weise gegeben. Indien? Ob der Gott Krishna ein Geburtsdatum hat, spielt angesichts von riesigen Welt-Kreisläufen (Zerstörung und Wiederentstehung des Kosmos) keine Rolle. Ob Buddha im Lumbinī-Hain bei Kapilavastu geboren wurde oder woanders, ist für buddhistische Frömmigkeit bis heute zwar nützlich (Wallfahrtswesen!), für die buddhistische Lehre aber bedeutungslos. Wo Lao-tse geboren ist, weiß bis heute kein Mensch, ist auch für denjenigen, der den Weg des Tao entdecken und gehen will, unbedeutend. Und der Geburtsort des Konfuzius? Gesichert scheint zwar der kleine alte Feudalstaat Lu, nahe des modernen Sh'u-fu (Shantung). Das aber ist für denjenigen, der sich an die Lehre der »Gespräche« des Konfuzius über die Große Ordnung halten will, letztlich nicht entscheidend.

In den prophetischen Religionen ist das anders: in Judentum, Christentum und Islam. Es sind Religionen, bei denen es auf die Geschichte ankommt, bei denen Ort und Zeit eine konstitutive Rolle spielen. Mit dem Volk Israel hat sich Gott ein Volk unter allen Völkern erwählt und ihm seinen Willen in präzisen Geboten offenbart. In Religionen indischen oder chinesischen Ursprungs ist das ein ebenso absurder Gedanke wie der, dass mit der Gestalt Jesu oder der Herabkunft des Koran eine neue Zeitrechnung beginnt, die Weltgeschichte eine neue Wendung genommen hat. Was ist Geschichte für kosmisch denkende Menschen? Hier aber: bei den großen *prophetischen* Gestalten der Weltreligionen: Mose – Jesus – Mohammed kommt alles darauf an, wo sie herkommen und welches Schicksal sie erleiden. Es sagt etwas aus über das »Schicksal« Gottes selber. Deshalb ist die Geburtsgeschichte des *Lukas* konkret terminiert und genau lokalisiert.

Roms Weltherrschaft aus der Perspektive von Bethlehem

So konkret und genau, dass eine literarische Analyse der Texte eine bemerkenswerte Erzählkunst zutage fördert. Beide Evangelisten verdienen auch »als Schriftsteller« (W. Jens[14]) ernst genommen zu werden. Schon mit der ersten Zeile seiner Geburtsgeschichte hat Lukas ein großes Panorama aufgerissen: »In jenen Tagen erließ Kaiser Augustus den Befehl …« (Lk 2,1). Die Stichworte lauten:
- *Weltpolitik:* Rom, Kaiser Augustus.
- *Weltökonomie:* Steuerlisten, globaler Zensus.
- *Weltdemographie:* Volkszählung reichsweit. »Alle Bewohner der Reiches« sollen erfasst werden.

Global also setzt dieser Evangelist an: Zunächst bei der Welthauptstadt Rom, dann folgt ein Blick auf die Provinz Syrien, die Unterprovinz Galiläa, um dann in einem Nest namens Bethlehem zu landen. Rom – Syrien – Galiläa – Bethlehem: der Fokus wird immer schärfer, die Realitätsdetails werden immer präziser. Wir können festhalten:

Die »Kameraführung« des Erzählers setzt global an, um lokal zu enden. Rom – Syrien – Galiläa – Bethlehem mit Stall und Krippe: so läuft der »Schwenk«. Signale, die umgekehrt deutlich machen wollen: Das, was im Stall geschieht, hat Auswirkungen für Bethlehem, Galiläa, Syrien und Rom. Was in dieser Nacht sich abspielt, betrifft die ganze Welt, sollte sie betreffen. Noch ist die Diskrepanz grotesk: der Kaiser in Rom, sein Statthalter in Syrien – und das Neugeborene in der Futterkrippe einer überfüllten Unterkunft im Nirgendwo eines Nestes namens Bethlehem.

Der Abstiegsbewegung entspricht eine Aufstiegsbewegung. Der Bewegung nach unten vom Kaiser zum Krippenkind, vom römischen Palast zum bethlehemischen Stall entspricht in der zweiten Hälfte des lukanischen Textes eine nicht weniger kunstvoll-dramatisch »gemachte« Bewegung nach oben. Von der Krippe, dem tiefsten Niedrigkeitspunkt, hinauf in die Höhe der Engelserscheinung. Von unten nach oben. Jetzt kann die entscheidende Botschaft erfolgen. Sie wird »von oben« in eine Welt hineingesprochen, die in ihre Angst verkrallt ist: die *Botschaft von der Nichtfurcht, der großen Freude durch die Ankunft des Messias.* Es muss einem allerdings auch schon »von oben« gesagt sein, denn die Welt ist aus sich heraus – angesichts der römischen Militärherrschaft – zu einer solchen Botschaft kaum fähig. Es muss »von oben« auch deshalb gesagt werden, weil das ganze Geschehen verknüpft ist mit einem Kind, »in Windeln gewickelt, in der Krippe« liegend. Es muss schon ein ganzes Engels-Heer mobilisiert werden, damit aus diesen winzigen Anfängen heraus die Botschaft überhaupt glaubwürdig wird:

> »In den Himmeln: Gottes Macht!
> Licht
> und Herrlichkeit!
> Auf der Erde: Gottes Frieden!
> Frieden allen, die er liebt!«

Einen Augenblick lang wird hier gewissermaßen der Vorhang weggezogen, so dass Gottes Welt sichtbar wird. Die Engel stellen dabei Gottes Bewegung zur Erde hin dar. Sie sprechen von der Herrlichkeit Gottes und dem Frieden Gottes für die Menschen. Gemeint ist ein anderer Friede als der real existierende. Vergessen wir nicht: Als Lukas seine Geburtsgeschichte aufzeichnet, schauen er und seine Zeitgenossen schon auf den Jüdischen Krieg zurück, auf den Fall Jerusalems und die Zerstörung des Tempels durch die Römer im Jahre 70 n. Chr. Lukas rollt mit der Erwähnung des Kaisers Augustus diese Tragödie gewissermaßen von Anfang an noch einmal auf. Mit Augustus (Kaiser von 37 v. Chr. bis 14 n. Chr.) hatte alles angefangen. Er gilt zur Zeit von Jesu Geburt als Friedenskaiser. Die Pax Romana ist programmatisch eine Pax Augustana. Nicht lange nach dem Tod des Kaisers (14 n. Chr.) verehrt man ihn bereits als Sohn des Gottes Apoll und erzählt sich Geburtslegenden vom »göttlichen Augustus« und Legenden von dessen Vater Octavianus.

Aber die Pax Romana ist auf die Macht der römischen Legionen gegründet. In Palästina bekommt das jüdische Volk dies hautnah zu spüren.

Frieden à la Rom bedeutet konkret: Besatzungsmacht, militärische Okkupation. Als es dann auch noch zur »ersten Aufzeichnung« (im Klartext: einer Volkszählung zum Zwecke der Steuererhebung) des »Friedenskaisers« kommt, führt das in Palästina zu Terrorismus, zu Unruhen und Unsicherheiten. Die Einführung der römischen Steuer ist die Geburtsstunde der zelotischen Befreiungsbewegung. Sie wagt im Jahre 66 n. Chr. den Aufstand gegen Rom und zahlt einen bitteren Preis. Israel ist dem Untergang geweiht. Jerusalem und der Tempel sind zerstört: 70 n. Chr.

Die Friedensvision des Lukas im Zeichen von Bethlehem muss also gegen eine doppelte Front gesehen werden, die diesem Evangelisten und seinen Adressaten klar vor Augen steht:

– gegen das Friedensprogramm des Kaisers Augustus, in Palästina vertreten durch seinen Vasallen, König Herodes den Großen, den »Freund des Kaisers«. Es ist nicht auf Wahrheit, sondern auf die Macht der Soldatenstiefel gegründet, und letztlich, bei Herodes besonders spürbar, auf Lüge.

– gegen die zelotischen Fundamentalisten, die das Volk in einen aussichtslosen Todeskampf gegen die römischen Legionen geführt hatten. Am Ende des Aufstandes mit dem Schwert steht die Vernichtung durch das Schwert. Am Ende dieser Art von Frieden steht die Friedhofsruhe.

Der katholische Neutestamentler *Rudolf Pesch* hat in seiner Auslegung des Weihnachtsevangeliums gerade diese politisch-gesellschaftliche Dimension der Geburtsgeschichten eindrucksvoll herausgearbeitet: »Jesu Geburtslegende wendet sich indirekt, aber deutlich genug gegen die ›politische Theologie‹, die Ideologie der kaiserlichen Staatsräson und seiner Gesellschaftsordnung, die sich mit der Politik der römischen Kaiser verbindet, wie gegen diejenige, die der jüdisch-theokratische Nationalismus und Zelotismus vertritt. Die Geburtslegende Jesu raubt dem Kaiser den Nimbus des Friedensheilands durch die Erinnerung an die ›Aufzeichnung‹, die Unterdrückung bedeutete und kriegerischen Aufstand provozierte; der jüdisch-nationalen Erwartung, die noch nach dem messianischen Befreier Ausschau hält, setzt sie die Botschaft von dem Friedens-Christus entgegen, der dem ›ganzen Volk‹ schon die frohe Botschaft von der Herrschaft Gottes gebracht und der als erhöhter Herr sein Friedensregiment schon begonnen hat.«[15]

Jerusalems Machtkartell aus der Perspektive des Krippenkinds

Und Matthäus? Auch er gestaltet literarisch eindrücklich. Seine Jerusalem-Szene lässt eine kunstvolle *Dreiecksbeziehung* erkennen und einem dramatischen Kontrast spüren. Gerade er zeigt: Die Sterndeuter kommen in ein politisch-religiös aufgeladenes Klima. Sie treffen auf das damalige Jerusalemer Machtkartell: politisch auf Herodes und religiös auf »Hohepriester und Schriftgelehrte des Volkes« (Mt 2,4). In diesem Dreieck spielt sich nun die Reaktion auf die Nachricht von der Geburt des Messias ab: Sterndeuter – Hohepriester/Schriftgelehrte sowie Herodes. Entsprechend effektvoll lässt der Erzähler »ganz Jerusalem« erschrocken sein, was eine kühne rhetorische Übertreibung darstellen dürfte. Aber sie steht im Dienste dieser Pointe: Erwartet hat man in Jerusalem damals viel, nur nicht die Geburt des Messias. Er hätte ja auch die Monopolstellung des politisch-religiösen Establishments in Frage stellen können.

Deshalb ist auffällig, mit welchen *Kontrasten* Matthäus arbeitet. Zwar bestätigen auf Nachfrage »alle Hohepriester und Schriftgelehrten« Bethlehem als Geburtsort des Messias (entsprechend der Stelle beim Propheten Micha: 5,1), aber keiner der etablierten Vertreter der Religion denkt daran, dies im Fall von Jesus nachzuprüfen. Nicht sie machen sich auf den Weg nach Bethlehem, um mit eigenen Augen nachzusehen, sondern die Sterndeuter, begleitet von dem geheuchelten Interesse des Machthabers. Schriftgelehrte als Komplizen des Herodes! Sie bestätigen zwar die Prophetie, »zeigen sich davon aber nicht berührt und denken folglich nicht daran, sich selbst auf den Weg zu machen. Während das eigene Volk also nur Desinteresse und Feindseligkeit zeigt, kommen die Magier als Repräsentanten der orientalischen Weisheit und als geistige Elite der Heidenwelt von weit her.«[16] Wir fassen zusammen:

Beim Nachdenken über die Geburt Jesu muss man Weltpolitik und Weltökonomie im Blick behalten! Aus der Perspektive des Krippenkindes gibt es auf Dauer keinen Frieden, der auf purer Macht aufgebaut ist: sei sie die des Geldes oder die der Waffen. Kein Weltfriede ohne Weltgerechtigkeit!

Nachdenken über den Sinn der Geburt Jesu ist somit Nachdenken über den Zustand der Welt – im Lichte jenes großen *Hymnus von der Weltgerechtigkeit*, den der Evangelist Lukas wohlkalkuliert Maria, der Mutter Jesu, in den Mund gelegt hat:

»Meine Seele preist Gott.
Er ist groß. […]
Sein Arm ist gewaltig.
Ein Schnitter, der die Spreu zertritt:
So zerstreut er die Stolzen,
die hochmütig sind in ihrem Herzen,
und stößt die großen Herren von ihren Thronen.
Die Niedrigen aber hebt er empor
und richtet sie auf.
Die Hungrigen sättigt er doppelt,
die Reichen schickt er mit leeren Händen davon.
Israels, seines Knechts,
nimmt er sich an und ist barmherzig:
so wie er unseren Vätern, für immer, versprach,
Abraham und seinen Kindern,
barmherzig zu sein.« (Lk 1,46-55)

Liest man die Texte also präzise im Vergleich, gewinnt ihre Grundbotschaft
Leuchtkraft. »Die Weihnachtsgeschichte«, so Walter Jens, »der bekannteste
Text der Weltliteratur, um und um gewendet, und dennoch fähig, immer
neue, überraschende, hier kosmische, dort tieftraurige Züge sichtbar zu
machen. Die Weihnachtgeschichte: ein Text, der, im Sinne Ernst Blochs,
nicht in abweisender Form belassen, aber auch nicht dem Hier und Jetzt
unterstellt sein will – vielmehr ein alter Text, der derart übersetzt sein will,
dass er die jeweilige Gegenwart trifft und mitbedeutet. Die Weihnachtsgeschichte: ein Stück Prosa, das nicht gelassen nacherzählt, sondern partei-
isch, betroffen, subjektiv, sanft und zornig ausgemalt werden muss.«[17]

Die neutestamentlichen Geburtsgeschichten also haben eine nach wie
vor herausfordernde, politisch brisante Botschaft. Und nicht die historische Kritik, sondern – wie Hans Küng treffend schreibt – »die romantisch
verharmlosende Idyllisierung und Privatisierung einerseits und die ober-
flächliche Säkularisierung und betriebsame Kommerzialisierung andererseits haben Weihnachtsbotschaft und Weihnachtsfest entleert: Als ob der
›holde Knabe im lockigen Haar‹ – nicht bei Lukas und Matthäus, aber wie
auf den Bildern – ständig gelächelt und nicht auch sehr menschlich elend
(worauf ohne sozialkritischen Protest Krippe und Windeln hinweisen)
geschrien hätte! Als ob der im Stall geborene Heiland der Notleidenden
nicht deutlich eine Parteinahme für die Namenlosen (Hirten) gegen die
mit Namen genannten Großen (Augustus, Quirinius) offenbarte! Als ob

das Magnifikat der begnadeten Magd von der Erniedrigung der Mächtigen und der Erhöhung der Niedrigen, von der Sättigung der Hungrigen und der Vernachlässigung der Reichen nicht kämpferisch eine Umwertung der Rangordnung ankündete! Als ob die holdselige Nacht des Neugeborenen von seinem Wirken und Schicksal drei Jahrzehnte später absehen ließe und nicht schon das Krippenkind das Zeichen des Kreuzes auf der Stirne trüge! Als ob nicht – ähnlich wie später im Prozess vor dem jüdischen Tribunal – schon in den Verkündigungsszenen vor Maria und den Hirten (die Mitte der Weihnachtsgeschichte) durch mehrere nebeneinander gestellte Hoheitstitel (Gottessohn, Heiland, Messias, König, Herr) das vollendete Glaubensbekenntnis der Gemeinde zum Ausdruck gebracht würde und diese Titel statt dem genannten römischen Kaiser diesem Kind zugesprochen würden! Als ob hier nicht statt der trügerischen Pax Romana – erkauft mit erhöhten Steuern, Eskalation der Rüstung, Druck auf die Minderheiten und Wohlstands-Pessimismus – mit ›großer Freude‹ die wahre Pax Christi angekündigt würde: gründend in einer Neuordnung der zwischenmenschlichen Beziehungen im Zeichen der Menschenfreundlichkeit Gottes und der Brüderlichkeit der Menschen!«[18]

Zweiter Teil

Die Geburt Mohammeds

»*Von Mohammeds Geburt werden ähnliche wunderbare Dinge erzählt, wie früher von Moses, Buddha, Alexander, Jesus, Maria und vielen anderen berichtet wurde. In seiner Geburtsstunde leuchte ein starkes Licht über die ganze Welt von Osten nach Westen. In wunderbarer Hellsicht sah Amina die Schlösser Syriens und die Nacken der Kamele in Basra. Als Mohammed geboren war, fiel er zu Boden, nahm eine Hand voll Erde in die Hand und sah auf gen Himmel. Er wurde rein geboren, ohne Flecken, wie das Lamm geboren wird, beschnitten und mit abgeschnittener Nabelschnur.*«
Tor Andrae, Mohammed. Sein Leben und sein Glaube (1932)

»*In einem türkischen Derwisch-Gedicht heißt es: ›Die Nacht, da der Gesandte geboren ward, ist ja bestimmt von gleichem Wert wie jene ›Nacht der Macht‹, d. h. wie die Nacht, in der der Koran erstmals offenbart wurde und die im Koran (Sure 97) als ›besser denn tausend Monate‹ bezeichnet wird. Der Vers zeigt deutlich die Entwicklung der Prophetenverehrung im späten Mittelalter.*«
Annemarie Schimmel, Und Muhammad ist Sein Prophet (1981)

Wie soll man mit diesem von uns präsentierten Befund in den Dialog mit Muslimen eintreten? Wir haben uns in aller intellektuellen Redlichkeit bemüht, durch eine präzise Lektüre der beiden neutestamentlichen Geburtsgeschichten sowohl die Übereinstimmung in der Grundbotschaft als auch die Divergenzen und Widersprüche in Details des Erzählten freizulegen.

1. WIE MUSLIME DAS NEUE TESTAMENT LESEN

Die Texte selber fordern dazu heraus. Es sind Glaubenszeugnisse von Menschen. Sie suchen die Geburt Jesu von Gottes Geschichte mit Israel her zu verstehen. Sie signalisieren dabei, dass diese ihre Deutungen noch »im Fluss« sind, von verschiedenen Erfahrungen geprägt, von unterschiedlichen Überlieferungen gesteuert. Für Christen gehören diese Differenzen zum Reichtum menschlicher Erfahrung, zur Vielperspektivität im Blick auf ein und dasselbe Ereignis. Man kann der Botschaft dieser Zeugnisse vertrauen, ja, man kann in und durch sie sogar »Gottes Wort« an uns Menschen vernehmen – trotz aller Divergenzen und Widersprüche in Details des Erzählten.

Muslime halten Christen Widersprüche vor

Was Christen Gewinn ist, ist traditionalistisch denkenden Muslimen Schwäche, Verlust. Darüber muss man sich im Klaren sein, wenn man im Dialog auf solche Vertreter des Islam trifft. Die von Christen offen freigelegten Divergenzen und Widersprüchlichkeiten werden von Muslimen des oben genannten geistigen Zuschnitts ausgenutzt. Schon die Tatsache, dass es *vier* Evangelien gibt, wird als Unvollkommenheit und Korruptheit der christlichen Überlieferungen ausgelegt. »Wort Gottes« könne das vorliegende Neue Testament deshalb nicht sein. Da brauche es eben den Koran, um die ursprüngliche Vollkommenheit von Gottes Offenbarungsschrift wiederherzustellen!

In der Tat: Gemäß traditionalistischer Lesart des Koran hat Gott zwar den Juden die Tora und den Christen das Evangelium anvertraut. Dieses Evangelium aber (um nur bei diesem Beispiel zu bleiben) ist keineswegs mehr identisch mit dem, was Christen als ihre »Heilige Schrift« ausgeben. Man lese nur ein muslimisches Propagandawerk wie »Your Way to Islam« von *Mohammad Suliman al-Ashqer* (von mir im Januar 2006 im muslimischen Viertel der Jerusalemer Altstadt erworben), und man wird diese Denkform in reinster Form präsentiert finden. So wird in Kapitel 8 dieses massenhaft verbreiteten Schriftchens über den »Glauben an die Heiligen Schriften« in aller Selbstverständlichkeit erklärt:

> »(1) Allah hat zu einer Anzahl von Gesandten Bücher herabgesandt, um sie der Menschheit zu verkünden.
> (2) Diese Bücher enthalten die Worte Allahs.
> (3) Unter ihnen sind die Blätter Abrahams,
> die Tora, Mose geoffenbart,
> die Psalmen, David geoffenbart,
> das Evangelium, Jesus geoffenbart,
> und der Koran, zu Mohammed herabgesandt (Friede sei auf ihm).
> (4) Juden und Christen verzerrten einige Teile ihrer Bücher (Tora und Evangelium).
> (5) Als das letzte Buch, bewahrt vor Korruption, bestätigt der Koran die Wahrheit der vorhergehenden Bücher und bewahrt sie.
> (6) Was in diesen Büchern vom Koran abweicht ist korrumpiert und aufgehoben.«[19]

Einen Beitrag zum Gespräch mit Christen wird man das nicht nennen können. Mit derselben »Methode« arbeiten auch größere, anspruchsvollere Veröffentlichungen (ebenfalls zu erstehen im muslimischen Viertel der Jerusalemer Altstadt) unter dem Titel »*The Prophets Stories*« oder »*Prophethood and the Prophets*«. Während »The Prophets' Story« von *Ibn Kathir*, einem bekannten Historiker des 14. Jahrhunderts, ausschließlich Texte aus Koran und Sunna dokumentiert,[20] enthält das Buch »Prophethood and the Prophets« von *Al-Sheikh Muhammad Ali Sabuni* auch einen Kommentar.[21] Jüdische und christliche Leser, die erfreut sein mögen, in einem solchen, für muslimische Studenten geschriebenen Lehrbuch ihre eigene Tradition aufgenommen zu finden (lange Kapitel über Adam, Abraham, Joseph, Noach, Jonas, Mose und Jesus), werden nach der Lektüre befremdet sein. Auf Tora und Evangelium wird nur Bezug genommen, um Widersprüche herauszustellen und damit auf den Koran zurückzuweisen. Ein Beispiel? Der *Stammbaum Jesu*. In den Evangelien von Matthäus und Lukas gibt es, wie wir hörten, zu Jesu Stammbaum unleugbar unterschiedliche und nicht harmonisierbare Angaben (Mt 1,1-17; Lk 3,23-38). Genauestens werden sie durch den muslimischen Ausleger aufgeführt:

>1. Das Evangelium des Lukas sagt, Joseph ist der Sohn Elis, während das Evangelium des Matthäus sagt, Joseph ist der Sohn Jakobs.

2. Das Evangelium des Lukas sagt, er [Joseph] ist der Nachkomme Nathans, des Sohnes Davids, während das Evangelium des Matthäus sagt, er ist der Nachkomme von Salomo, dem Sohn Davids.

3. Das Evangelium des Lukas sagt, die Vorväter Jesu waren keine Herrscher und waren nicht berühmt, während das Evangelium des Matthäus sagt, die Vorväter Jesu waren Herrscher und berühmt.

4. Das Evangelium des Lukas behauptet, dass es zwischen Jesus und David 41 Generationen gab, während das Evangelium des Matthäus sagt, dass es zwischen David und dem Messias 28 Generationen gegeben hat.

Wir wissen nicht, wie es möglich ist, diese Widersprüche in einem Buch zu versöhnen, von dem Milliarden Christen glauben, es sei das Wort Gottes, die absolute Wahrheit. Bei Allah, es kann keine Erklärung geben, außer dass durch religiöse Führer [damals] Änderungen gemacht wurden, wie dies durch den heiligen Koran bestätigt wird.«[22]

Weiter geht es in diesem Stil auch bei Fragen der Christologie. Das Neue Testament wird herangezogen, um den Koran zu bestätigen oder als Irrtum zurückgewiesen zu werden. So heißt es in derselben Publikation unmissverständlich:

>Das Göttliche Evangelium, das Gott seinem Diener und Propheten Jesus, Sohn der Maria, geoffenbart hat, ist nicht das, das unter Christen heute gefunden wird. Wie es im Koran ausgedrückt ist, wurde ihr Evangelium verschlechtert und geändert. In diesen Evangelien gibt es offenkundige Widersprüche. Hinzu kommt: Wenn Gott nur ein Evangelium geoffenbart hat, wie wurden daraus dann vier Evangelien? […]

Der Messias kam zu seinen Gefährten mit einem Buch, das das Evangelium war, das aber im Laufe der Zeit durch das Volk missachtet wurde. Konsequenterweise ging es verloren. Die Anhänger Jesu dann stützen sich auf Bücher, die von Schülern Jesu und deren Schüler geschrieben wurden oder von solchen, die nach ihnen kamen. Die Anzahl der Evangelien wuchs ins Absurde, bis es mehr als hundert gab. Die Kirche trat an, jedes Evangelium, das ihren Vorgaben widersprach, zurückzuweisen, und am Ende bestätigte sie nur vier Evangelien, die heute bekannt sind, trotz der offenkundigen Widersprüche unter ihnen.«[23]

Entsprechend gilt dann: Der Koran ist das vollkommene, letztgültige, abschließende Wort Gottes. Es war nötig, um Verzerrungen, Verderbtheiten, Missverständlichkeiten und Widersprüchlichkeiten der christlichen »Heiligen« Schrift zu überwinden.

Wider die Missionspropagandisten

Es bedarf keiner langen Begründung, dass eine solche Position weder dialogwillig noch dialogfähig ist. Sie beruht auf Selbstimmunisierung und Selbstüberhöhung. Sie ist nicht Ausdruck eines kommunikativen Beziehungs-, sondern eines totalitär-ideologischen Propagandadenkens, nicht Ausdruck des Respekts vor anderen Glaubensüberzeugungen, sondern Ausdruck der Verachtung und der Wahrheitsarroganz. Einzelne Verse oder Abschnitte aus den heiligen Schriften der Anderen werden isoliert, um dann auf der Basis des eigenen Wahrheitskriteriums verworfen zu werden. So haben Christen es mit Muslimen jahrhundertelang getrieben (der Koran – ein »Lügenbuch«), so treiben es bestimmte Muslime noch heute mit der christlichen Überlieferung.

Der Respekt aber vor der Würde und Integrität der heiligen Schriften der je Anderen ist die Basis jedes Dialogs. Dieser Respekt wird in diesem Buch vorausgesetzt. Gefordert und praktiziert wird ein anderer Umgang von Muslimen mit Christen, von Christen mit Muslimen. Wie heißt es doch in der »Gemeinsamen Erklärung« vom Mai 2008 aus Teheran:

> »Verallgemeinerungen sollten im Gespräch über Religionen vermieden werden. Unterschiede zwischen den Konfessionen innerhalb des Christentums und des Islam sowie die Verschiedenheit historischer Kontexte sind wichtige beachtenswerte Faktoren.
>
> Religiöse Traditionen können nicht auf der Basis eines einzelnen Verses oder einer Passage in den jeweiligen heiligen Büchern beurteilt werden. Sowohl eine Gesamtschau als auch eine adäquate hermeneutische Methode sind notwendig für ein faires Verständnis.«

2. DER URSPRUNG DES PROPHETEN

So denke ich nicht daran, Muslimen vorzuwerfen, dass sie im Verlauf der Geschichte das Bild ihres Propheten ihren eigenen religiösen Bedürfnissen, Sehnsüchten und Wunschvorstellungen allzu sehr angepasst haben – im Widerspruch zum Koran. Ich nehme vielmehr mit Respekt zur Kenntnis: Zwischen dem Bild des Propheten im Koran und dem der islamischen Frömmigkeitsgeschichte klafft eine beträchtliche Diskrepanz, die ich zu verstehen suche. Testfall dafür sind gerade die Geschichten um die Geburt des Propheten.

Die erste Prophetenbiographie

Mit dem Koran verhält es sich wie mit den meisten Schriften des Neuen Testamentes: Er ist an Ereignissen um die Geburt des Propheten nicht interessiert, ja erwähnt diese Geburt nicht einmal – so wenig wie das älteste Evangelium, das des Markus, im Fall von Jesus. Es beginnt bekanntlich mit dem ersten öffentlichen Auftritt Jesu, der Taufe am Jordan. Erst hier (und nicht schon bei der Geburt) wird der Nazarener zum »Sohn Gottes« ausgerufen (Mk 1,11). Ähnlich im Koran: Nicht die physische Geburt ist für ihn maßgebend, sondern die geistige, nicht Menschengeburt, sondern Prophetengeburt. Entscheidend ist, wann und wie Mohammed zum Offenbarungsmittler des einen Gottes wird. Das geschieht im Jahre 610. Sure 96 gilt als Beginn der Offenbarungen an den Propheten. Mohammed ist zu diesem Zeitpunkt bereits 40 Jahre alt.

Gut 150 Jahre nach dem Tod des Propheten ist das völlig anders. Um das Jahr 770 stirbt in Bagdad ein Mann namens *Ibn Ishâq* (»der Sohn von Isaac«). Er stammt aus Medina, war dort im Jahre 704 geboren worden. Er hinterlässt die erste umfassende Lebensbeschreibung des Propheten, ja das erste umfassende Geschichtsbuch der islamischen Welt überhaupt, vermutlich gegen 750 im Irak entstanden. Gut 120 Jahre trennen sein Werk vom historischen Mohammad. Bei den Evangelien sind es 50–70 Jahre Distanz zum historischen Jesus.

Eine Lebensbeschreibung des großen Propheten zu diesem Zeitpunkt kommt nicht von ungefähr. Als Ibn Ishâq seine Schrift verfasst, hat der

Islam in gut hundert Jahren eine Weltausdehnung von Spanien bis ins Industal erreicht, religionsgeschichtlich eine beispiellose Expansion. Schon war das Kalifat der Omajaden mit der Hauptstadt Damaskus (von 661–750) durch das der Abbasiden abgelöst worden (ab 750 mit der Hauptstadt Bagdad). Ibn Ishâq konnte somit auf eine welthistorisch einzigartige Erfolgsgeschichte des Islam zurückblicken. Was begreiflich macht: Das Interesse an einer umfangreichen, dramatisch-heroischen Beschreibung des Prophetenlebens ist jetzt auch politisch begründet.

Ursprünglich besteht das Werk aus vier Teilen. Der erste Teil erzählt zunächst die Geschichte von der Erschaffung der Welt, behandelt weiter das Wirken großer prophetischer Gestalten von Adam bis Jesus und gelangt dann zu den arabischen Stämmen in vorislamischer Zeit. Die beiden nächsten Teile enthalten Ausführliches zur »Sendung« und den »Kämpfen« des Propheten. Der vierte Teil schreibt die Geschichte des Islam bis in die Lebenszeit dieses Historiographen fort.

Zu beachten freilich ist: Der Gesamttext von Ibn Ishâq ist uns im Original nicht überliefert. Dass wir Teile von ihm haben, verdanken wir einem ägyptischen Gelehrten namens *Ibn Hishâm*, gestorben um 830 n. Chr. Ein Schüler Ibn Ishâqs hatte ihm das Werk aus dem Irak mitgebracht, und der Ägypter gestaltet dieses Material zu jenem Buch um, das wir seither als *die* Sira (Vita) des Propheten schlechthin kennen und das bis heute die am meisten ausgewertete Mohammed-Biographie ist. Doch mit der »Ausgabe« des Ibn Hishâm beträgt der Abstand zwischen dem historischen Mohammed und der ersten uns erhaltenen Biographie nun fast 200 Jahre.

Wundersame Zeichen bei Empfängnis und Schwangerschaft

Was in christlichen Gemeinden (um Matthäus und Lukas) mit Jesus geschah, geschieht in muslimischen je länger desto entschiedener auch mit Mohammed – möglicherweise in Anknüpfung und Überbietung christlicher Überlieferungen. Man will im Islam ganz offensichtlich gleichziehen. Auffällig jedenfalls, dass schon die erste Prophetenbiographie einen Stammbaum präsentiert. Ibn Ishâq lässt sein Werk so programmatisch mit einem Stammbaum beginnen wie der Evangelist Matthäus und führt nicht weniger programmatisch – wie der Evangelist Lukas – die Abstammung Mohammeds auf Adam zurück. Wörtlich heißt es in diesem Stammbaum – mit ausgewählten Passagen:

»Mohammad ist der Sohn des 'Abdal lāh, des Sohns des 'Abdalmuttalib, des Sohns des Hāshim ... des Sohnes des Ismā 'īl, des Sohnes des Ibrāhīm ... des Sohnes des Yard, des Sohnes des Mahlīl, des Sohnes des Qainan, des Sohnes des Yānisch, des Sohnes des Shīth, des Sohnes des Adam.«[24]

Mehr noch: Die heilsgeschichtliche Bedeutung des Propheten-Ereignisses muss sich bei Mohammed wie bei Jesus an seinen Anfängen bewahrheiten: bei der Ankündigung seiner irdischen Existenz, bei seiner Geburt und seiner frühen Kindheit. Das ist für orthodoxe, strikt korantreue Muslime durchaus eine Zumutung. Schon der schwedische Religionshistoriker *Tor Andrae,* dem die westliche Islamwissenschaft erste umfassende Untersuchungen zur »Person Mohammeds in Lehre und Glauben seiner Gemeinde« (1918) verdankt, hat darauf hingewiesen, dass im Islam Vorstellungen von einem wunderbaren Beginn der prophetischen Gestalt »besonders auffallend« seien. Warum? »Hier stand ja von vornherein fest, das hatte ja der Koran mit allem Nachdruck eingeschärft, dass der Prophet nur durch einen unerklärlichen Gnadenakt Gottes auserwählt worden sei. Seine Erwählung war keineswegs durch eine wunderbare jenseitige Vorbereitung bedingt, hatte auch keine Veränderung der menschlichen Eigenschaften des Gesandten bewirkt. Das eine große Wunder, das alle sonstigen Zeichen nur bestätigen, ist die Herabsendung des göttlichen Buches, es ist um die heilige Nacht *al-qadr,* dass das Wunderbare, das immer dort hervortritt, wo der Himmel sich zur Erde hinabsenkt, ihren glänzenden Schleier webt.«[25]

In der Tat lässt der Koran von Anfang bis Ende keinen Zweifel daran, dass Mohammed nichts weiter ist als ein Mensch. Noch Sure 7 aus spätmekkanischer Zeit hält ein für allemal fest: »Er ist nur ein deutlicher Warner« (Sure 7,184). Diese Selbstbezeichnung findet ihre theologische Begründung in der für den Koran charakteristischen Verkündigung göttlicher Allmacht: Gott allein lenkt die Geschicke der Menschen und weiß darum auch, wann das entscheidendste Ereignis der Weltgeschichte, der Jüngste Tag, anbrechen wird. Mohammed daher zu einem Wundermann hochzustilisieren – ob bei der Geburt oder während seiner prophetischen Tätigkeit – wäre angesichts der Verkündigung dieses allmächtigen Gottes vermessen. Mit Recht hat der Göttinger Islamwissenschaftler *Tilman Nagel* in seinem Buch »Der Koran. Einführung – Texte – Erläuterungen« (1991) festgehalten: »Muhammad ist nichts weiter als ein gewöhnlicher Mensch. Darauf weist der Koran ausdrücklich hin. Er nimmt die gleiche Speise zu sich wie seine Mitmenschen, er hält sich auf den Märkten auf wie sie. Seine Mitmenschen können nicht verstehen, dass sich seine Autorität ganz allein auf das Wort Gottes stützen soll, das ihm offenbart worden ist. Kein Engel tritt dem Propheten sichtbar an die Seite; nicht einmal mit irdischen Gütern, einem Schatz oder einem ständig grünenden Garten, ist er von jenem Gott versehen worden, dessen Botschaft er verkündet. Doch Muhammad ist überzeugt, dass es nicht so sehr auf seine persönliche Wirkung ankommt bei dem Werk, das er vollbringen soll. Im Gegenteil, wenn es Bestand haben soll, muss seine sterbliche Person ganz hinter das Wort Gottes zurücktreten.«[26]

Das alles sieht nun in der weiteren islamischen Überlieferung völlig anders aus. Folgt man *Ibn Ishâq*, hat Mohammeds Mutter Amina schon *während ihrer Schwangerschaft* eine wundersame Stimme gehört. Sie hat ihr erklärt:

> »Du hast empfangen den Herrn dieses Volkes, und wenn er geboren wird, so sprich: ›Ich gebe ihn in die Obhut des Einzigen vor dem Übel eines jeden Neiders!‹ Und nenne ihn Muhammad, den Gepriesenen!«[27]

Mehr noch: Nach der Geburt Mohammeds erinnert sich seine Mutter, sie habe während der Schwangerschaft bereits ein Licht gesehen, »das ihr die Schlösser von Busrā in Syrien erleuchtet« habe. Noch nie habe sie »eine leichtere Schwangerschaft« gehabt. Bei der Geburt habe ihr Kind »die Hände auf den Boden und den Kopf gen Himmel gerichtet«.

Nach einer anderen Überlieferung, der von *Ibn Abbâs*, einem Vetter Mohammeds, der sich in der islamischen Frühgemeinde einen Namen als Koranausleger gemacht hat (gest. um 687), ist es schon bei der *Zeugung* des Propheten zu wundersamen Zeichen gekommen. In jener Nacht hätten alle Haustiere des Stammes von Mohammed geredet. Tiere seien es gewesen, die davon gesprochen hätten, Mohammed sei »der Imam der Welt und die Leuchte ihrer Bewohner«. Die Throne der Könige in der ganzen Welt wären am Morgen umgestürzt gewesen. Die wilden Tiere im Osten seien zu denen im Westen geeilt, um ihnen die Freudenbotschaft zu bringen. Auch die Bewohner des Meeres hätten sich beglückwünscht.[28]

Mehr noch: Nach derselben Überlieferung von Ibn Abbâs hat Mohammeds Mutter nach sechs Monaten Schwangerschaft dies erlebt:

> »Als sechs Monate von meiner Schwangerschaft vorüber waren, erschien mir einer im Traum und sagte: Amina, du bist mit dem Besten der Welt schwanger. Wenn du ihn geboren hast, so nenne ihn Muhammad, verheimliche aber die Sache.

So ergriff mich denn, was der Gebärenden Los ist [...] Ich hörte ein starkes Geräusch und viel Lärm, der mich erschreckte. Dann sah ich etwas wie einen weißen Flügel; der strich mir übers Herz, und alle Furcht und alle Schmerzen, die ich gefühlt hatte, verschwanden [...]

Während es mir immer schwerer wurde und ich den Lärm immer stärker vernahm, siehe, da wurde ein weißes Tuch zwischen Himmel und Erde ausgespannt, und ich hörte eine Stimme sagen: Lass ihn den Blicken der Menschen entschwinden [...] Dann sah ich eine Schar von Vögeln, die sich auf mich herabließen und meinen Schoß bedeckten; ihre Schnabel waren aus Smaragd und ihre Flügel aus Hyazinth.

Und Gott nahm die Schleier von meinen Blicken weg, und ich sah die Erde im Osten und im Westen. Drei Fahnen sah ich errichtet: eine im Osten, eine im Westen und eine auf dem Dach der Ka'ba.

Es ergriffen mich die Geburtswehen, und es wurde mir schwer. Es war mir, als ob ich von vielen Frauen unterstützt würde; es kam mir aber vor, als ob nur ihre Hände mit mir im Hause wären, denn ich sah niemand.

So gebar ich Muhammad, und ich wandte mich um, ihn zu betrachten, und siehe, da lag er anbetend, seine Hände gen Himmel hebend wir einer, der demütig fleht.« [29]

Wundersame Zeichen bei und nach der Geburt

Wir werden das alles auszuwerten haben, bleiben aber zunächst bei der Feststellung des Befunds. Wundersame Zeichen gab es bei Empfängnis und Schwangerschaft der Mutter Mohammeds, wundersame Zeichen dann auch bei und nach der Geburt des Propheten. Nach der weiteren Überlieferung Ibn Ishâqs wird das Kind von seiner Mutter einer Amme namens Halima übergeben. Von dieser Amme wird berichtet:

- Halima hat auf einmal in ihren ausgetrockneten Brüsten so viel Milch, wie das Kind nur will. Der Mann Halimas erkennt, dass sie einen »gesegneten Menschen« an sich genommen habe.
- Die Eselstute, auf der Halima mit dem kleinen Mohammed reitet, läuft so schnell, dass niemand mehr mithalten kann.
- Eines Tages wird Halima berichtet, zwei Männer in weißen Gewändern hätten Mohammed gepackt, zu Boden gewordern, ihm den Leib geöffnet

und sein Herz geschüttelt. Die Zieheltern folgern daraus, ein Geist sei in den Knaben gefahren! Großes werde mit ihm geschehen!

Diese Geschehnisse werden im Verlauf von Ibn Ishâqs Darstellung noch einmal bestätigt – und zwar unter Berufung auf den Propheten selber. Zu einigen seiner Gefährten soll der Prophet später gesagt haben:

»Ich bin das Gebet meines Vaters Abraham und die frohe Botschaft seines Bruders Jesus. Meine Mutter sah, als sie mit mir schwanger war, ein Licht von sich ausgehen, dass ihr die Schlösser Syriens erleuchtete. Gestillt wurde ich im Stamme der Banu Sa'd ibn Bakr. Und als ich eines Tages mit meinem Milchbruder hinter unseren Zelten die Schafe hütete, kamen zu mir zwei Männer in weißen Gewändern mit einem goldenen Becken, gefüllt mit Schnee. Sie packten mich, öffneten mir den Leib, nahmen mein Herz heraus, spalteten es, entnahmen einen schwarzen Blutklumpen und warfen ihn weg. Dann wuschen sie mein Herz und meinen Leib, bis sie sie gereinigt hatten.«[30]

Überlieferungen von *Ibn Abbâs* weichen davon zwar ab, weisen in der Sache aber in dieselbe Richtung:

Dann sah ich eine Wolke, die vom Himmel her ihn bedeckte, sodass er mir unsichtbar wurde. Und ich hörte jemand, der da rief: Führt ihn um die Erde herum im Osten und im Westen, und führt ihn zu den Meeren, dass sie ihn erkennen mit seinem Namen und seiner Gestalt und seinen Eigenschaften, und damit sie wissen, dass er in den Meeren *al-Mahdi* (= der Vertilger) heißen wird, denn allen Polytheismus wird er wegwischen.
Dann schwand die Wolke schnell und siehe, da lag er in ein weißes wollenes Kleid gewickelt, und unter ihm lag eine grüne Decke aus Seide. Er hielt drei Schlüssel aus weißen Perlen in der Hand, und jemand rief: Seht, Mohammad hält die Schlüssel des Sieges, des Schlachtens und des Prophetentums in seiner Hand.«[31]

Mohammed – ein weltgeschichtliches Ereignis

Was ist durch solche Überlieferungen aus der Gestalt eines »deutlichen Warners« geworden? Was ist aus einem Mann geworden, der – dem Koran zufolge – von Anfang seines öffentlichen Auftrittes an auf Widerstand, Ablehnung, Verfolgung, ja Pathologisierung stieß. Der sich mit Vorwürfen aus seiner Umgebung konfrontiert sieht, zu den Unbedeutenden und Niedrigen zu gehören (vgl. Sure 43,31; 11,91), ja, der von sich selber bekennt, ein »Waisenkind« (Sure 93,6) gewesen zu sein, von Gott »im Elend gefunden« (Sure 93,8). Von diesem Mann wird nun in der muslimischen Überlieferung berichtet:

– Schon seine Empfängnis ist ein die ganze Menschen- und Tierwelt erschütterndes Ereignis.

– Schon während der Schwangerschaft seiner Mutter kommt es zu übernatürlichen Eingriffen (»weißer Flügel«), visionären Erlebnissen (»Lichterscheinung«, »weißes Tuch«), wundersamen Ereignissen (»Herabkunft einer Schar von Vögeln«).

– Schon seine Geburt ist eine heilsgeschichtliche Zäsur. Das Geschehen wird von engelhaften Gestalten auf wundersame Weise begleitet. Der Prophet selber wird durch Brustöffnung gereinigt und damit von Gott in einzigartiger Weise ausgezeichnet.

– Schon das neugeborene Kind erweist sich (»anbetend, seine Hände gen Himmel hebend«) als ein Erwählter Gottes.

– Am Knaben Mohammed nehmen zwei männliche Gestalten ein Reinigungswunder vor.

Wie soll das alles widerspruchsfrei mit dem Mohammed-Bild des Koran zusammengedacht werden? Die Tendenz ist klar: Solche legendären Ausgestaltungen dienen dazu, Mohammed als den »Imam der Welt und Leuchte ihrer Bewohner«, als den »Besten der Welt« herauszustellen. Dazu also, das Ereignis seines Zur-Welt-Kommens als universalgeschichtliches Heilsereignis zu verstehen mit der Ka'ba als Mittelpunkt der Welt. Kein Zufall somit, dass gerade die Stelle mit den drei Fahnen (eine im Osten, eine im Westen, eine auf dem Dach der Ka'ba) eine Verbildlichung in der islamischen Welt erfahren hat (siehe Abbildung). *Tor Andrae*, von dessen Studie von 1918 wir bereits gehört haben, konnte deshalb in seinem auch heute noch lesenswerten Buch »Mohammed. Sein Leben und sein Glaube« (1932) festhalten: »Von Mohammeds Geburt werden ähnliche wunderbare Dinge erzählt wie früher von Moses, Buddha, Alexander, Jesus, Maria und vielen anderen berichtet wurde. In seiner Geburtsstunde leuchte ein starkes Licht über die ganze Welt von Osten nach Westen. In wunderbarer Hellsicht sah Amina die Schlösser Syriens und die Nacken der Kamele in Basra. Als Mohammed geboren war, fiel er zu Boden, nahm eine Hand voll

Erde in die Hand und sah auf gen Himmel. Er wurde rein geboren, ohne Flecken, wie das Lamm geboren wird, beschnitten und mit abgeschnittener Nabelschnur.«[32]

Das »Weihnachten« der Muslime

Die Islamwissenschaftlerin *Annemarie Schimmel* hat darüber hinaus in ihrem Buch »Und Mohammed ist Sein Prophet. Die Verehrung des Propheten in der islamischen Frömmigkeit« (1981) – an Tor Andraes Studien anknüpfend – gezeigt, wie sehr im Verlauf der islamischen Geschichte, vom frühen Mittelalter angefangen, sich die Verehrung des Propheten auch mit der *Feier eines eigenen Geburtsfestes* verband. Nach der Überlieferung wird Mohammed in Mekka geboren, und zwar »am Montag, dem 12. Tag des Monats Rabi' ul-awwal im Jahr des Elefanten«, nach muslimischer Berechnung im Jahre 570. Die Sitte aber, größere Feiern zum Gedenken an Mohammeds Geburt abzuhalten, scheint zuerst in Ägypten in der Fatimidenzeit (969–1071) aufgekommen zu sein, betrachteten die Fatimiden sich doch als Nachkommen des Propheten durch seine Tochter Fatima. Dem entspricht in etwa auch die Entwicklung im Christentum. Auch in dieser Welt hat es, wie wir hörten, gut 300 Jahre gedauert, bis ein Geburtsfest für Jesus eingeführt wurde.

In der Zwischenzeit freilich hat sich der Geburtstag des Propheten, arabisch: *Maulid an-Nabî*, zu einem der drei großen Feiertage in der islamischen Welt entwickelt, zusammen mit dem Fest zum Ende des Ramadan und dem Opferfest, das mit dem *Haddsch* zusammenfällt, der jährlichen Pilgerreise nach Mekka. Der holländische Islamwissenschaftler *Hans Jansen* aber hat in seiner 2008 veröffentlichten neuen Mohammed-Biographie zu Recht noch einmal in Erinnerung gerufen: »Das war allerdings nicht immer so. Erst seit dem Mittelalter wird der Geburtstag des Propheten als wichtiger islamischer Feiertag gesehen. Noch um 1300 war der militant-orthodoxe Theologe Ibn Taimiyya der Meinung, dass das Feiern des Maulid aus drei Gründen falsch sei: (1) Es gibt keinen Konsens über das Geburtsdatum des Propheten, (2) die Maulid-Feier ist vom Weihnachtsfest abgeleitet, und (3) die ersten Generationen von Muslimen pflegten dieses Fest nicht zu feiern. Trotzdem wurde beispielsweise im Jahr 2006 der Maulid des Propheten um den 12. April gefeiert und im Jahr 2007 um den 2. April.«[33]

Dienen solche religionsvergleichenden Feststellungen dem Dialog? Nur sehr bedingt. Sie könnten vor allem zur gegenseitigen Ausgrenzung durch Überbietung oder gar Übertrumpfung missbraucht werden. Christen und Muslime könnten versucht sein, von den Geburtsgeschichten her ihren Anspruch abzuleiten, Jesus oder Mohammed seien jeweils von heilsgeschichtlicher Zentralität. Durch die Geburtsgeschichten können sich die jeweils Gläubigen in der göttlichen Sendung ihres Stifters bestätigt sehen. Umgekehrt aber können religionsgeschichtliche Vergleiche auch zur Demut und Bescheidenheit führen. Es gibt in allen Religionen ähnliche strukturelle Entwicklungen: Überhöhung, Stilisierung, Beglaubigung durch angebliche Wunder. Indem man solche zutiefst menschlichen »Interessen« durchschaut, erkennt man das Gefahrenpotential einer triumphalen Selbstüberhöhung der eigenen Religion. Eine solche macht dialogunfähig. Sie stiftet nicht Beziehung, sondern fördert die Selbstisolation. Der je Andere hat keinen Raum vor Gott.

Wir verfolgen in diesem Buch einen anderen Weg: nicht Überlieferungen gegeneinander auszuspielen, sondern zum Gegenstand eines vertiefenden Gesprächs zu machen. Wir stellen gerade nicht Jesus und Mohammed dualistisch gegenüber. Wir verfolgen stattdessen die Überlieferungen des Neuen Testamentes im Koran selbst, zeigen, welchen »Dialog« der Koran mit den Geburtsgeschichten Jesu bereits geführt hat. So werden biblische und koranische Botschaften nicht gegeneinander, sondern in Beziehung zueinander gesetzt. Die Anwesenheit des Eigenen im Fremden, die Rezeption des Fremden im Eigenen stiftet dialogische Kommunikation – wenn sie in richtigem Geist geschieht. Gemeinsamkeiten treten hervor, Unterschiede werden nicht verschwiegen. Wir wollen uns an die Arbeit machen.

Dritter Teil

Die Geburt von Johannes und Maria im Koran

»*Johannes und Jesus begegneten sich, und Johannes sagte:* ›*Bitte um Gottes Vergebung für mich, denn Du bist besser als ich.*‹ *Jesus erwiderte:* ›*Du bist besser als ich. Ich verkündete Heil über mir, während Gott Heil über dir verkündete*‹. *Gott erkannte das Verdienst von beiden an.*«
AHMAD IBN HANBAL (gest. 855)[34]

»*Johannes, der Sohn des Zacharias, begegnete Jesus, dem Sohn der Maria. Johannes lächelte und begrüßte Jesus, während Jesus die Stirn in Falten legte und trübsinnig war. Jesus sagte zu Johannes:* ›*Du lächelst, als ob du dich geborgen fühltest.*‹ *Johannes sagte zu Jesus:* ›*Du schaust finster drein, als ob du verzweifelt wärest.*‹ *Gott offenbarte:* ›*Was Johannes tut, ist Uns lieber.*‹«
ABU BAKR IBN ABI AL-DUNYA (gest. 894)[35]

»*Maryam ist der Prototyp einer selbständigen Frau. Sie spürt früh eine spirituelle Bindung an den Schöpfer und geht in dieser Beziehung ihren eigenen Weg. Sie tut für ihr Geschlecht und für ihre Zeit merkwürdige Dinge.*«
Der Koran für Kinder und Erwachsene (2008)[36]

Über die zahlreichen historischen Fragen müssen wir uns hier nicht noch einmal verbreiten: Über die Präsenz des Christentum des 6./7. Jahrhunderts in Arabien zur Zeit Mohammeds, gespalten zwischen Rom und Byzanz, gespalten in verschiedene sich gegenseitig verketzernde Gruppen und Kirchen. Über die Präsenz christlicher Gemeinden auf der arabischen Halbinsel, die vor allem im nördlichen Jemen anzunehmen ist, während in Mekka und Medina es nie christliche Gemeinden gegeben hat. Über die Präsenz einzelner Christen in der Region, denen Mohammed auf seinen Reisen begegnet und die sein Bild vom Christentum beeinflusst haben mögen. Über das Bild von Christentum und Christen im Koran und die weitere islamische Auseinandersetzung mit dem Christentum durch die Geschichte hindurch. Dies alles ist in zahlreichen historischen Abhandlungen bereits ausführlich dargelegt worden.[37] Wir beschränken uns im Folgenden auf die Analyse der Geburtssuren für Johannes, Maria und Jesus.

1. JOHANNES – EIN PROPHET

Jesus (*arab.:* Îsâ) wird im Koran in 15 von 114 Suren erwähnt, chronologisch erstmals in Sure 19 aus mittelmekkanischer Zeit, auffälligerweise schon hier zusammen mit Johannes und Maria. Das geschieht nicht kontextlos.

Die koranische Grundbotschaft

Wenn *Sure 19* in den Blick kommt, muss man sich bewusst bleiben, dass ihr – chronologisch gesprochen – 57 Suren der Botschaft von Mekka bereits vorausgehen. Gut die Hälfte des Koran also ist schon »verkündigt«. Grundthemen der prophetischen Botschaft sind längst eingeführt und breit entfaltet. Auch große Stoffe, Juden und Christen aus der *Hebrä-*

ischen Bibel vertraut, hatte der Prophet in seine Verkündigung längst eingeführt: die Geschichten um die Schöpfung (Suren 20 und 15), um Noach und das Strafgericht der »Sintflut« (Sure 54), von Mose und seinem Konflikt mit Pharao (Suren 79/44) und schließlich von Abraham und seinem Kampf um den einen Gott (Sure 26).[38]

So ist es kein Zufall, dass auch Sure 19 solche Passagen enthält. Nach dem großen Abschnitt über die Geburt von Johannes und Jesus (Sure 19,2-40) folgt ein eigener Abschnitt zu Abraham (Sure 19,41-50), dann wenige Verse über Mose, Aaron, Ismael und Idris (Sure 19,51-60). Den Abschluss bildet ein Verweis auf das Paradies für die Glaubenden (Sure 19,60-65) sowie eine längere Passage über Gottes Gericht (Sure 19,66-98). Auch Sure 19 endet mit der für die Verkündigung von Mekka charakteristischen *Erinnerungsbotschaft in Form einer Warn-, Droh- und Gerichtsrede:*

> 93 Jeder in den Himmeln und auf der Erde kommt zum Allerbarmenden nur als Diener.
>
> 94 Er hat sie gezählt und genau berechnet.
>
> 95 Sie alle kommen zu ihm am Tag der Auferstehung allein.
>
> 96 Denen, die glauben und gute Werke tun, wird der Allerbarmende Liebe schaffen.
>
> 97 Wir haben ihn (den Koran) in deiner Sprache leicht gemacht, damit du ihn den Gottesfürchtigen als frohe Botschaft verkündest und ein streitsüchtiges Volk mit ihm warnst.
>
> 98 Wie viele Generationen haben wir schon vor ihnen vernichtet! Nimmst du noch einen von ihnen wahr oder hörst du von ihnen noch den geringsten Laut? (Sure 19,93-98)

Warum aber tauchen erst jetzt, in Sure 19, in mittelmekkanischer Zeit also, Gestalten im Koran auf, die insbesondere Christen angehen? Das kann historisch bis heute nicht befriedigend erklärt werden. Wir können keinen konkreten Anlass für die Formung von Sure 19 verifizieren, keinen konkreten Grund für diese und keine andere inhaltliche Gestaltung. Die muslimische Tradition hat Sure 19 im Zusammenhang mit der Auswanderung eines Teils der muslimischen Urgemeinde nach Äthiopien gebracht. Sure 19 mit dem Titel »Maria« sei dem dortigen christlichen Herrscher vorgetragen worden, und dieser habe – beeindruckt vom Bekenntnis der Muslime zu Maria und Jesus – ihnen Gastrecht gewährt. Diese Geschichte ist historisch nicht zu verifizieren, wohl aber ist sie von tiefer symbolischer Bedeutung. Ich werde auf sie deshalb am Ende dieses Buches, im Epilog

»Die Sure ›Maria‹ und ein Blick nach Äthiopien«, zurückkommen. Streng historisch also bleibt es dabei: Warum erst jetzt die Auseinandersetzung mit »christlichen« Figuren wie Johannes, Maria und Jesus erfolgt, nachdem »alttestamentliche« Gestalten längst zum »Demonstrationsmaterial« prophetischer Verkündigung gehören, muss offen bleiben.

Die Vermutung allerdings ist gut begründet, dass wie die alttestament-lich-jüdischen so auch die neutestamentlich-christlichen Überlieferungen den Adressaten in Mekka bekannt gewesen sein müssen – spätestens zum Zeitpunkt ihrer Benutzung durch die prophetische Verkündigung des Koran. Indem Mohammed jetzt sein »Demonstrationsmaterial« auch um christliche Überlieferungen erweitert, nimmt er religionspolitisch die Integration einer zweiten großen religiösen Tradition vor und verstärkt durch Anknüpfung an die christliche Heilsgeschichte die Überzeugungs-kraft seiner eigenen prophetischen Botschaft. Künftig kann er sich nicht allein auf die jüdische, sondern auch auf die christliche Tradition berufen, um seinen eigenen prophetischen Anspruch zu legitimieren.

Wie immer aber! Am Text beobachten wir schon äußerlich ein Doppeltes:

(1) Im Koran ist die erste Erwähnung von Johannes (*arab.:* Yahyā) und Jesus auffälligerweise verbunden mit den jeweiligen Geschichten von ihrer wundersamen Geburt. Das ist kein Zufall. Die Konzentration auf die Geburts-Überlieferungen ist theologisches Programm des Koran. Worin es besteht, werden wir herauszuarbeiten haben.

(2) Der Koran kennt jeweils zwei Texte zur Geburt von Johannes und Jesus, und zwar in Sure 3,37-49 (medinensische Zeit) und in Sure 19,1-36 (mittelmekkanische Zeit). Sure 19 ist somit der ältere Text, sodass sich eine Konzentration darauf zunächst nahelegt.

Die wundersame Geburt des Johannes: Sure 19

Christliche Leser werden mit Aufmerksamkeit registrieren, dass im Ko-ran – genau wie im Evangelium des Lukas – vor die Geschichte von der Geburt Jesu die von der Geburt des Johannes gesetzt ist. Schon im Neuen Testament hatte dies triftige Gründe, wie wir sahen. Und der *Koran?* In Sure 19 liest sich die *Geburtsgeschichte des Johannes* so:

> 2   Die mahnende Erinnerung an die Barmherzigkeit deines Herrn ge-genüber seinem Diener Zacharias.

3 Als er seinen Herrn im Stillen anrief.

4 Er sagte:

»Herr, schwach geworden ist mir das Gebein und altersgrau der Kopf. Ich war, wenn ich zu dir rief, Herr, nie trostlos.

5 Ich fürchte aber die, die als Erben nach mir kommen. Meine Frau ist unfruchtbar. So schenk mir von dir her einen entfernteren Erben,

6 der mich beerbt und erbt von den Leuten Jakobs! Mach ihn, Herr, wohlgefällig!«

7 »Zacharias, wir verkünden dir einen Jungen mit Namen Johannes. Niemandem gaben wir vorher einen Namen wie ihm.«

8 Er sagte:

»Herr, wie soll ich einen Jungen bekommen, wo meine Frau unfruchtbar ist und ich allzu hohes Alter erreicht habe?«

9 Er sagte:

»So ist es. Dein Herr sagt:

›Das fällt mir leicht. Schon vorher habe ich auch dich erschaffen, als du nichts gewesen warst.‹«

10 Er sagte:

»Herr, schaff mir ein Zeichen.«

Er sagte:

»Dein Zeichen ist, dass du drei volle Tage nicht zu den Menschen sprichst.«

11 Da kam er zu seinen Leuten aus dem Tempel und offenbarte ihnen:

»Lobpreist morgens und abends!«

12 »Johannes, nimm die Schrift machtvoll!«

Wir gaben ihm als Kind Urteilskraft,

13 ein liebevolles Gemüt von uns her und Lauterkeit. Er war gottesfürchtig

14 und ehrerbietig gegen seine Eltern. Er war kein widersetzlicher Gewaltherrscher.

15 Friede über ihn am Tag, da er geboren wurde, am Tag, da er stirbt, und am Tag, da er zum Leben erweckt wird!

(Sure 19,2-15)

Wie das Evangelium des Lukas schaltet der Koran also vor die eigentliche Geburtsgeschichte Jesu die des Johannes, und wie das Evangelium ist auch der Koran am überraschenden Eingreifen Gottes schon im Fall des Johannes interessiert. Weitere Johannes-Überlieferungen, etwa über einen Auftritt als Bußprediger (entsprechend Lk 3,1-8; Mt 3,1-18) oder über seinen gewaltsamen Tod unter Herodes (entsprechend Mk 6,27-29; Mt 14,1-12) kennt der Koran nicht. Von den wenigen Erwähnungen des Johannes im Koran sind drei mit seinem wundersamen Anfang verbunden (neben den Suren 19 und 3 noch Sure 21, 89 f.). Ein weiteres Mal wird Johannes lediglich in einer formelhaften Personenreihung als einer der »Rechtschaffenen«, erwähnt (Sure 6,85).

Ein genauer Vergleich von Sure 19,1-15 mit Lukas 1,5-25 ergibt bemerkenswerte Unterschiede im theologischen Profil:

(1) *Lukas* lokalisiert seine Johannes-Geschichte höchst anschaulich und fasst sie geschichtlich genau: Vater Zacharias ist ein Priester im Jerusalemer Tempel, gehört zur Priesterklasse Abija; die Mutter von Johannes heißt Elisabeth und stammt aus dem Geschlecht Aarons; der erscheinende Engel heißt Gabriel; die Erscheinung vor Zacharias findet konkret an einem Ort statt, in Jerusalem, präzise im Tempel. Der *Koran* dagegen entlokalisiert, entgeschichtlicht. Als handelnde Personen braucht er nur noch Zacharias und Johannes. Elisabeth taucht namentlich schon nicht mehr auf, nur in der Spiegelung ihres Mannes (»meine Frau unfruchtbar«). Und statt des Engels Gabriel redet *Gott selbst* zu Zacharias. Ein Ort ihrer Begegnung ist nur indirekt und wie nebenbei erwähnt (»Tempel«: Sure 19,11). Die ganze Szene scheint wie fein stilisiert, wie ausgedünnt, wie entweltlicht.

(2) Unterstrichen wird diese Ent-Weltlichung dadurch, dass Zacharias für Sure 19 offensichtlich nicht als konkrete geschichtliche Person aus dem Judentum interessant ist, sondern übergeschichtlich als Typus, und zwar als *Typus eines gottvertrauenden Beters,* dessen Gebetswunsch von Gott erhört wird: konkret die Geburt eines Erben trotz hohen Alters des Mannes, trotz Unfruchtbarkeit der Frau. Auffällig ist ja:

– Bei *Lukas* hatte Zacharias seinen Wunsch offenbar schon lange im Gebet Gott vorgetragen, sodass er an dessen Erfüllung angesichts seines fortgeschrittenen Alters kaum noch glauben kann. »Dein Gebet ist erhöret«, so übersetzt Luther nach dem griechischen Wortlaut. Es ist das erste Wort des Engels an Zacharias (Lk 1,13).

– In *Sure 19* dagegen scheint die konkrete Bitte des Zacharias zum ersten Mal geäußert – ganz im Bewusstsein, dass Zacharias, wenn er zu Gott betete, noch »nie trostlos« gewesen ist.

– Bei *Lukas* bleibt Zacharias psychologisch konsequent bei seiner Skepsis, selbst als der Engel erscheint (»Woran erkenne ich das?«: Lk 1,18), und wird für diesen Akt des Unglaubens mit Stummheit bestraft,

was ganze neun Monate bis zur Geburt des Johannes andauern wird (Lk 1,63 f.).
– In *Sure 19* dagegen sind ganze drei Tage Stummheit verhängt, und dieses »Zeichen« ist nicht Ausdruck der Bestrafung durch Gott, sondern des Vertrauens in Gottes Macht. So wie der Schöpfergott einem alten, unfruchtbaren Elternpaar neues Leben schenken kann (»Das fällt mir leicht«: Sure 19,9), so kann derselbe Gott auch ein anderes Zeichen geben: einen Menschen kurze Zeit verstummen lassen (Sure 19,10).

Im Konflikt mit dem Judentum Medinas: Sure 3

Noch ein zweites Mal kommt der Koran auf die Geburt des Johannes zu sprechen, und zwar in Sure 3 aus medinensischer Zeit. Über deren geschichtlichen Hintergrund müssen wir uns zunächst verständigen. Er ist ein anderer als der von Sure 19. Denn im Gegensatz zu dieser Sure ist Sure 3 in ihrem Kernbestand (die Verse 3,59-64 sind eigens zu diskutieren) für uns ziemlich genau datierbar. Auf die Schlacht bei Badr wird angespielt (Sure 3,123), die im März 624 stattgefunden hat, im zweiten Jahr der Hidschra also. Auch auf die Schlacht bei Uhud, ein Jahr später.

Mohammed ist in einer politisch prekären Lage. Nach seiner und seiner Anhänger Übersiedlung nach Medina können die Muslime zunächst eine überlegene Armee der Mekkaner militärisch besiegen, ein Ereignis von größter politischer und religiöser Tragweite auch für die künftigen Beziehungen zu Juden und Christen. Denn durch den Sieg bei Badr fühlen sich die Muslime wie nie zuvor von Gott bestätigt. Doch durch die im nächsten Jahr erfolgte Niederlage in der Schlacht bei Uhud, bei der der Prophet sogar in Todesgefahr gerät (Sure 3,144-146), verschärft sich die Lage. Auch unter Muslimen kommt es offensichtlich zu Konflikten und Spannungen. Menschen bekennen sich nur noch zum Schein zum Islam. Der Zusammenhalt der Gemeinde muss jetzt umso leidenschaftlicher beschworen werden: »Gehorcht Gott und dem Gesandten!« (Sure 3,32). Mit Recht führt Adel Theodor Khoury in seinem Koran-Kommentar zu dieser Situation aus: »Die Instabilität der Gemeinde, die Wankelmütigkeit der Heuchler [unter Mohammeds Anhängern], die sie zu einer inneren Gefahr macht, sowie die ausgebrochene Feindseligkeit zwischen den Muslimen und den Juden in Medina bilden den Hintergrund mancher Abschnitte der Sure. Vorwürfe an die Adresse der Heuchler und der gegnerischen Juden sowie Worte der Aufmunterung für die Gläubigen im Hinblick auf das Eingreifen Gottes und auf die Verheißung der jenseitigen Belohnung werden dann immer wieder formuliert.«[39]

In der Tat verschärft sich nun die Auseinandersetzung mit den jüdischen Stämmen, von denen es in Medina drei gibt. Das hatte mit Sure 2 begonnen, der ersten in Medina geoffenbarten. Jetzt, in Sure 3, setzt sich diese massive Auseinandersetzung fort, mit Menschen, die – wie es jetzt heißt – »nicht an Gottes Zeichen glauben« und die »die Propheten im Unrecht töten« (Sure 3,21), mit Menschen somit, die immer schon in ihrer Geschichte Gleichgültigkeit oder Resistenz gegenüber prophetischer Erneuerung an den Tag gelegt haben.[40] Die Kritik am Verhalten von Juden ist überdeutlich.

Johannes als Parallelfigur zu Jesus

In diesem Kontext muss jetzt auch das erneute Aufgreifen der Geschichte von der Geburt des Johannes verstanden werden. Im selben Zusammenhang auch das Neuaufgreifen der Geschichte von Maria und Jesus, wie wir sehen werden. Die entsprechende Passage wird nicht zufällig mit Hinweis auf Gestalten aus dem Judentum eingeleitet: »Gott erwählte Adam, Noach, Abrahams Leute und die Leute Imrāns aus aller Welt, die einen als Nachkommen der anderen. Gott hört und weiß« (Sure 3,33f). Zur *Geschichte des Johannes* heißt es dann ab Vers 38:

38 Dort rief Zacharias zu seinem Herrn:
      »Herr, schenk mir von dir her gute Nachkommen!
      Du hörst das Rufen.«
39 Da riefen ihm, während er im Tempel stand und betete, die Engel zu:
      »Gott verkündet dir Johannes, damit er ein Wort von Gott bestätige, als Gebieter, Asket und Prophet von den Rechtschaffenen.«
40 Er sagte:
      »Herr, wie sollte ich einen Jungen bekommen, wo ich doch hohes Alter erreicht habe und meine Frau unfruchtbar ist?«
      Er sagte:
      »So ist Gott. Er tut, was er will.«
41 Er sagte:
      »Herr, schaff mir ein Zeichen!«

Er sagte:

»Dein Zeichen ist, dass du drei Tage nur durch Gesten zu den Menschen sprichst. Gedenke viel deines Herrn und lobpreise am Abend und in der Frühe!« (Sure 3,38-41)

Im Vergleich zu Sure 19 erscheint die Ankündigungs-Szene hier einerseits verknappt, andererseits erweitert. »Weggelassen« sind jetzt alle ohnehin schon knappen psychologischen Details: die Hinweise auf das Alter der Eltern und die Angst vor der Kinderlosigkeit. Hinzugefügt wird eine Rede von Engeln (Sure 3,39), womit die Gebetserhörung »distanzierter« angekündigt wird: durch Wesen nämlich, die *zwischen* Gott und diesen Beter gestellt sind. Dann setzt Gottesrede wieder ein.

Bemerkenswert sind auch *weitere Titel* für Johannes in Sure 3. »Gebieter, Asket und Prophet von den Rechtschaffenen« (Sure 3,39). In Sure 19 war immerhin schon der »Name« des Johannes als unerhört erwähnt worden, was einer Aussage im Lukas-Evangelium gleichkommt (vgl. Sure 19,7 mit Lk 1,61). Zu beachten war auch, dass Johannes schon in Sure 19 eine »Schrift« anvertraut und ihm »als Kind« Urteilskraft zugeschrieben worden war. Muslimische Exegeten verstehen darunter nicht das Anvertrauen einer neuen Offenbarungsschrift (parallel zu Mose, Jesus und David), sondern die Bestätigung der schon gegebenen Tora.

Indem aber der Koran Johannes jetzt »Gebieter, Asket und Prophet« nennt (Sure 3,39), wird klar, wie sehr sich die Figur des Johannes mittlerweile zu monumentaler Größe entwickelt hat. Bemerkenswert überdies, dass der Koran mit der Anspielung auf das Asketentum des Johannes eine Erinnerung an einen Grundzug auch des neutestamentlichen Johannes-Bildes bewahrt hat: Johannes als Wüstenasket (Mt 3,3f; Lk 3,2-4). Während aber der neutestamentliche Johannes in die Wüste geht, um durch Buß- und Umkehraufrufe »den Weg des Herrn« *vorzubereiten*, ist der koranische Johannes selber ein Zeichen Gottes. Genauer noch: Während der neutestamentliche Johannes bei der Taufe Jesu *diesen* als das Zeichen Gottes schlechthin durch göttliche Beglaubigung erkennen muss (»Das ist mein geliebter Sohn«: Mt 3,17), ist der koranische Johannes ein eigenes Zeichen für Gottes Macht und Kraft. Für den Koran ist Johannes eine prophetische Gestalt aus dem Judentum der Vergangenheit, die als kritische Spiegelfigur des Verhaltens der zeitgenössischen Judenschaft in Medina benutzt wird. Für das koranische *Johannes-Bild*[41] halten wir erstens fest:

Während die Evangelisten Johannes als Kontrastfigur zu Jesus benut-
zen, als bloßen Vor-Läufer, der anschließend umso wirkungsvoller
durch Jesus überboten werden wird, gebraucht der Koran Johannes of-
fensichtlich als Parallelfigur, an der Gott schon vollbracht hat, was er
dann im Fall der Geburt Jesu wiederholt. Deshalb zeigt sich der Koran,
anders als das Neue Testament, am weiteren Schicksal des Johannes
nicht interessiert. Johannes kündigt im Koran nicht wie im Neuen Testa-
ment von der Überlegenheit Jesu als des »Sohnes Gottes« (entsprechend
Lk 3,22; Mt 3,17), sondern auf eigene Wiese von der Überlegenheit der
Schöpfermacht Gottes über das menschlich unmöglich Scheinende – als
Zeichen wider den Unglauben der medinensischen Judenschaft hier und
jetzt.

Auffällig ist ja: Während Lukas die Geburt des Johannes zwar durch einen
Engel ankündigt, dessen »Zeugung« aber nicht durch den Heiligen Geist,
sondern durch den offensichtlich auf wundersame Weise wieder fruchtbar
gewordenen Zacharias geschehen lässt (Lk 1,23 f.), lässt der Koran keinen
Zweifel, dass schon Johannes Gottesgeschöpf ist wie Zacharias (»Schon
vorher habe ich auch dich erschaffen, als du nichts gewesen warst«: Sure
19,9), und zwar auf eine besondere Weise wie später Jesus: Geistschöpfung
trotz vorhergehender physischer Unmöglichkeit auf Seiten der Eltern. Für
das koranische *Johannes-Bild* folgt daraus *zweitens:*

Während das Neue Testament Johannes als Kontrastfigur (zum Zwecke
späterer Überbietung) zu Jesus braucht, ist die Johannes-Geschichte im
Koran eine weitere Exempelgeschichte für die Macht des Schöpfergottes,
der, wenn er will, aus Unfruchtbarem und Abgestorbenem neues Leben
erwecken kann.

Die exklusive Konzentration auf die Geburtsgeschichte im Fall des Johannes folgt somit einer Sachlogik. Denn an der Art der Geburt lässt sich besonders eindrucksvoll, weil illustrativ und dramatisch zugleich, die
voraussetzungslose Macht des Schöpfergottes demonstrieren. Geburtsgeschichten halten ja den Moment fest, in dem aus dem Nichts neues Sein
entsteht. Sie beglaubigen auf besonders eindrückliche Weise die souveräne
Schöpfermacht Gottes. Diese theozentrisch-schöpfungstheologische Pointe
schon der Johannes-Geschichte findet in beiden Suren ihre Zuspitzung in
dem Satz: »So ist es. Dein Herr sagt: Das fällt mir leicht« (Sure 19,9) oder
»So ist Gott. Er tut, was er will« (Sure 3,40).

2. »GEDENKE DER MARIA …«: SURE 19

Zurück zu Sure 19. Bisher war von Maria noch nicht die Rede. Jetzt aber rückt sie ins Zentrum. Das Drama einer überraschenden Geburt ist vor allem ihr Drama.

Gottes Geist erscheint Maria

Wir dokumentieren den Text zunächst vollständig, bevor wir ihn im Einzelnen auszulegen versuchen. Unmittelbar nach der Johannes-Passage folgt in Sure 19:

16 Gedenke in der Schrift der Maria! Als sie sich vor ihren Leuten an einen **östlichen Ort** zurückzog.

17 Da nahm sie sich vor ihnen einen Vorhang.
Da sandten wir zu ihr unseren Geist und er erschien ihr als stattlicher Mensch.

18 Sie sagte:
»Ich suche Zuflucht vor dir beim Allerbarmenden, falls du gottesfürchtig bist.«

19 Er sagte:
»Ich bin der Gesandte deines Herrn, um dir einen lauteren Jungen zu schenken.«

20 Sie sagte:
»Wie soll ich einen Jungen bekommen, wo mich kein Mensch berührt hat und ich keine Hure gewesen bin?«

21 Er sagte:
»So ist es. Dein Herr sagt:
›Das fällt mir leicht. So wollen wir ihn zu einem Zeichen für die Menschen machen und zu Barmherzigkeit von uns. Es ist beschlossene Sache.‹«

22 Da war sie mit ihm schwanger und zog sich mit ihm an einen **fernen Ort** zurück.

23 Die Wehen drängten sie zum Stamm der Palme. Sie sagte:
»Wäre ich doch vorher gestorben und ganz vergessen worden!«

24 Da rief er ihr von unten zu:
»Sei nicht traurig! Dein Herr hat unter dir fließendes Wasser geschaffen.
25 Schüttle den Stamm der Palme zu dir hin, dann lässt sie frische, reife Datteln auf dich fallen.
26 So iss, trink und freu dich! Wenn du jemanden von den Menschen siehst, dann sag:
›Ich habe dem Allerbarmenden ein Fasten gelobt. Da werde ich heute mit keinem Menschen reden.‹«
27 Da kam sie mit ihm auf den Armen **zu ihrem Volk**. Sie sagten:
»Maria, du hast eine unerhörte Sache begangen.
28 Schwester Aarons, dein Vater war kein schlechter Mann und deine Mutter keine Hure.«
29 Da zeigte sie auf ihn. (Sure 19,16-29)

Wir beginnen unsere Auslegungen mit zwei Beobachtungen zum Stil und zur Struktur des Textes:

(1) Der erste koranische Schlüsseltext zur Geschichte Marias beginnt wie der über Zacharias und Johannes übergangslos. In beiden Fällen überraschende, Aufmerksamkeit bei den Adressaten erheischende Aufforderungen: »Mahnende Erinnerung« im Fall der Zacharias-Geschichte (Sure 19,2), jetzt zur Einführung des Maria-Dramas noch stärker, noch packender ein: »Gedenke«!

Was aber kann der Zusatz »in der Schrift« (*arab.:* kitâb) meinen? Wer soll in oder durch eine vorhandene oder zukünftige Schrift (Rückert übersetzt *kitâb* in Sure 19,2 mit »Buch«) Marias gedenken? Diese Frage ist nicht eindeutig entscheidbar. Gemeint sein kann eine bereits vorhandene oder eine jetzt oder künftig zu erstellende Schrift, wobei der Befehlsstil des Satzes vermuten lässt, dass der Sprecher den Propheten energisch antreibt, das Gedenken an Maria in Zukunft niederzuschreiben. In Sure 19,2 läge also ein Anspielung auf den zu schaffenden Koran vor.

(2) Der erste koranische Schlüsseltext zur Geschichte Marias ist durch drei Raumsignale klar strukturiert:

– Die Geistbegegnung und -schöpfung findet an einem »östlichen Ort« statt (Sure 19,16-21).

– Die Geburt Jesu findet an einem davon noch einmal unterschiedenen »fernen Ort« statt (Sure 19,22-26).

– Die Rückkehr Marias zu ihrem Volk erfolgt an einem dritten Ort (Sure 19,27-29).

Maria schüttelt die Palme.
Persische Miniatur, um 1560.

Engel umgeben die Kaaba in der Nacht der Geburt des Propheten Mohammed. Osmanische Miniatur, 16. Jh.

Die Geburt des Propheten Mohammed.
Osmanische Miniatur, Istanbul, 1594.

Das Haus Marias bei Ephesus (Selcuk, Türkei).

Mauer mit Gebetszeichen beim Haus der Maria.

Rückzugsbewegungen Marias – Freiwerden für Gott

Wir versuchen zunächst, die *erste Hälfte des Textes* besser zu verstehen.
Sure 19,16-21:

16 Gedenke in der Schrift der Maria! Als sie sich vor ihren Leuten an einen **östlichen Ort** zurückzog.

17 Da nahm sie sich vor ihnen einen Vorhang.
Da sandten wir zu ihr unseren Geist und er erschien ihr als stattlicher Mensch.

18 Sie sagte:
»Ich suche Zuflucht vor dir beim Allerbarmenden, falls du gottesfürchtig bist.«

19 Er sagte:
»Ich bin der Gesandte deines Herrn, um dir einen lauteren Jungen zu schenken.«

20 Sie sagte:
»Wie soll ich einen Jungen bekommen, wo mich kein Mensch berührt hat und ich keine Hure gewesen bin?«

21 Er sagte:
»So ist es. Dein Herr sagt:
›Das fällt mir leicht. So wollen wir ihn zu einem Zeichen für die Menschen machen und zu Barmherzigkeit von uns. Es ist beschlossene Sache.‹« (Sure 19,16-21)

Wer als Christ diesem Text begegnet, wird auch hier zunächst *Parallelen* zu den Berichten des *Neuen Testamentes* ziehen, namentlich zur Geburtsgeschichte des Lukas. Übereinstimmungen sind mit Händen zu greifen:

– Schon Lukas kennt eine Gottesbotschaft an Maria durch den Engel Gabriel. In Sure 19 erfolgt sie durch Gottes Geist.

– Schon Lukas berichtet von Furcht als Reaktion Marias. Sie »erschrickt«, als der Engel ihr erscheint, und muss beruhigt werden: »Fürchte dich nicht ...« (Lk 1,29 f.). In Sure 19 will Maria vor der plötzlichen Erscheinung geradezu die Flucht ergreifen (Sure 19,18).

– Schon Lukas weiß von Zweifeln auf Seiten der jungen Frau: »Wie kann das geschehen? Ich bin mit keinem Mann zusammengewesen« (Lk 1,34). Entsprechend heißt es in Sure 19: »Wie soll ich einen Jungen bekommen, wo mich kein Mensch berührt hat und ich keine Hure gewesen bin?« (Sure 19,20).

– Schon Lukas überliefert eine Prädikation des angekündigten Kindes: »Sohn des Höchsten« (Lk 1,32.35). In Sure 19 entsprechend: »Zeichen [Gottes] für die Menschen« (Sure 19,21).

Zugleich sind entscheidende Unterschiede unverkennbar:

(1) Anders als der Evangelist betont Sure 19 auffälligerweise den *visionären* Charakter der Geistbegegnung: Der Geist Gottes stellt sich Maria dar »als« ein stattlicher Mensch (Sure 19,17). Warum? Weil dadurch »von vornherein der Gedanke abgewiesen« werden kann, »dass Marjam durch diesen ›Mann‹ – manche setzen ihn mit dem Engel Gabriel gleich – empfangen hätte. Der Text bringt nur einen Vergleich! Der ›Geist‹ ist nicht inkarnierter Mensch, er erscheint Marjam nur in sinnenhafter Weise«.[42]

(2) Von der *literarischen Form* her ähnelt die koranische Ankündigungsszene (wie schon im Fall des Johannes) mehr einer *feinen Skizze* als einer ausgearbeiteten Szene. Abbreviaturen, Andeutungen, knappste Angaben genügen offenbar. Plötzlich ist Maria präsent, ohne weitere Überleitung, Vorbereitung, Umstände – mit der für den Koran charakteristischen Leser- oder Höreradresse: »Und gedenke«. Der Text will also – gemäß der im Koran generell genutzten Verfahrensweise – nicht nur Vergangenes zitieren, sondern aktualisieren. Er will erinnern, bewusst machen und damit zu Konsequenzen für heute aufrufen. Deshalb beschränkt sich der Koran in dieser Szene auf knappste Angaben. Nicht auf Details kommt es an, sondern auf das Wesentliche der Sache.

(3) Maria hat sich an einen »*östlichen Ort*« (Sure 19,16) zurückgezogen. Näher wird dieser Ort nicht benannt, muss auch nicht näher benannt werden, obwohl muslimische Auslegung in klassischen Kommentaren oder in Prophetenlegenden hier entweder einen Ort im Osten des Jerusalemer Tempels sehen möchte oder eine Anspielung erkennen will auf den »Sonnenaufgang« im Osten.[43] Solche Spekulationen sind müßig, denn es geht an dieser Stelle offensichtlich gerade nicht um die Identifizierung und Fixierung eines Raums, sondern vor allem um die *Bewegung des »Rückzugs«* als solche, die Bewegung der Selbst-Zurücknahme könnte man sagen. Diese ist *zum einen* sozial motiviert als Rückzug Marias »vor ihren Leuten«, deren negative Reaktion (»Hure«) im dritten Teil dieses Textes (Sure 19,27) damit schon angedeutet ist. Diese koranische Maria weiß offenbar, was sie erwartet. Sie hat den Vorwurf, »Hure« zu sein, schon internalisiert (Sure 19,20). Der Rückzug ist *zum zweiten* aber auch theologisch-symbolisch motiviert, was durch das Raumdetail im nächsten Vers (»Vorhang«: Sure 19,17) noch verstärkt wird. Müßig ist es auch hier, auf mögliche Mo-

tivparallelen in christlichen Quellen hinzuweisen, etwa auf entsprechende Stellen im außerkanonischen Protevangelium des Jakobus. Das muss spekulativ bleiben.[44] Erkennbar dagegen ist die Funktion dieses Details an dieser Stelle im Text: nochmalige Darstellung von Rückzugs-Bewegung. »Vorhang«-Nehmen bedeutet ein Sich-Verbergen, Sich-Abschließen, Sich-Abschirmen vor der gewohnten Umwelt. Der Selbstzurücknahme im Raum entspricht somit die Selbstzurücknahme des Körpers. Erzählerisch entspricht beiden die bewusste Entwirklichung der hier beschriebenen Welt, die durch Verknappung der Realitätsdetails wie durchsichtig erscheint.

(4) Szenisch-gestisch wird damit *Gottesbegegnung vorbereitet*, die hier in Gestalt des Geistes Gottes erfolgt. Nachdem Maria sich aus ihrer normalen Umwelt zurückgezogen hat und die Welt transparent geworden ist wie ein dünner Vorhang, ist Gottesbegegnung vorbereitet. »Die sich wiederholende Erwähnung des Rückzugs betont die schlechthinnige Empfänglichkeit Marias. Nur so, fern von allen Menschen, mithin von allen menschlichen Möglichkeiten – etwa einer zeugenden Mitwirkung –, kann sie dem Engel begegnen, die Verheißung hören, Jesus jungfräulich empfangen und dann zur Welt bringen.«[45]

(5) Auch *der Dialog Engel – Maria* wird auf das Wesentliche reduziert: Stilistisch auffällig die Mischung aus menschlichen Realitätsdetails und hoheitlicher Sprache: Angst auf Seiten Marias – Beruhigung der Angst durch den Gottesboten. Ankündigung der Geburt – Zweifel bei Maria. Angst vor dem Vorwurf der Hurerei – Ankündigung einer souveränen Schöpfungstat. Zum zweiten Mal in kurzer Zeit fällt hier in Sure 19 in Reaktion auf menschlichen Zweifel der Satz: »So ist es. Dein Herr sagt: ›Das fällt mir leicht‹.« (Sure 19,9 und 19,21). Daraus folgt:

Der erste Abschnitt der ersten koranischen Mariensure (Sure 19,16-29) lebt erzählerisch von zwei Rückzugsbewegungen Marias, zwei Selbstzurücknahmen, die so die Empfangende für Gottes Geist werden kann. Der zurückgenommene Raum sowie der zurückgenommene Körper als objektive Korrelate der Offenheit der Welt und des Menschen für die Begegnung mit dem Göttlichen. Mehr noch:

Der erste Abschnitt der ersten koranischen Mariensure (Sure 19,16-21) lebt theologisch vom Vertrauen in die Macht des Schöpfers. Wie Gott Macht hat, Zacharias und Johannes ins Dasein zu rufen (Sure 19,9), so hat er dieselbe Macht auch im Fall von Jesus. Jesus wird durch Gottes Schöpfungswort empfangen und existiert allein kraft eben dieses Wortes. Nicht zufällig endet der erste Abschnitt mit der apodiktischen, keinen Widerspruch mehr zulassenden Formulierung: »Es ist beschlossene Sache« (Sure 19,21).

Zeugung spirituell, nicht sexuell

Für die *zweite Hälfte* des Textes gilt Ähnliches. Rufen wir ihn uns nochmals in Erinnerung:

22 Da war sie mit ihm schwanger und zog sich mit ihm an einen **fernen Ort** zurück.

23 Die Wehen drängten sie zum Stamm der Palme. Sie sagte:
»Wäre ich doch vorher gestorben und ganz vergessen worden!«

24 Da rief er ihr von unten zu:
»Sei nicht traurig! Dein Herr hat unter dir fließendes Wasser geschaffen.

25 Schüttle den Stamm der Palme zu dir hin, dann lässt sie frische, reife Datteln auf dich fallen.

26 So iss, trink und freu dich! Wenn du jemanden von den Menschen siehst, dann sag:
›Ich habe dem Allerbarmenden ein Fasten gelobt. Da werde ich heute mit keinem Menschen reden.‹«

27 Da kam sie mit ihm auf den Armen **zu ihrem Volk.** Sie sagten:
»Maria, du hast eine unerhörte Sache begangen.

28 Schwester Aarons, dein Vater war kein schlechter Mann und deine Mutter keine Hure.«

29 Da zeigte sie auf ihn.« (Sure 19,16-29)

Zum besseren Verstehen auch hier nur das Wesentliche:
Auffällig ist, dass der Vorgang der Geistzeugung erzählerisch ausgespart wird. Der Text legt sich offensichtlich keusche Zurückhaltung auf. Was wir erfahren, ist das Faktum der Schwangerschaft, mehr nicht. Wie Lk 1,35 ist auch Sure 19,22 frei von sexuellen Anspielungen. Die Umstände der Empfängnis bleiben, wie im Neuen Testament, unerzählt. Nichts soll an mythologische Szenen einer gott-menschlichen Zeugung erinnern. Das Schweigen zwischen Sure 19,21 und 19,22 wahrt den Respekt, die Menschen dem Göttlichen schulden. Auch in späteren Suren beschränkt sich der Koran (wie das Neue Testament) auf ein Minimum an Erklärung: Jesus ist durch das Einhauchen des göttlichen Geistes von Maria empfangen

worden. Die entsprechenden Stellen im Neuen Testament und im Koran sind auffällig parallel:

- »Der Heilige Geist wird dich überkommen, die Höchste Macht wird dich überschatten« (Lk 1,35).
- »Und die ihre Scham schützte (Maria). Da bliesen wird in sie von unserem Geist und machten sie und ihren Sohn zu einem Zeichen für alle Welt« (Sure 21,91; ebenso: Sure 66,12; vgl. auch: Sure 4,171).

Marias Schwangerschaft – wie lange?

Auffällig aber ist in Sure 19, dass fast gleichzeitig mit der Tatsache der Schwangerschaft (Sure 19,22) »Wehen« bei Maria erwähnt werden (Sure 19,23). Übergangslos, ohne weitere Informationen. Das hat muslimische Ausleger zu Spekulationen über die Dauer der Schwangerschaft Marias veranlasst. Die entsprechende Passage aus den »Prophetenerzählungen«, lohnt die Dokumentation, zeigt sie doch, welche Ausnahmestellung Maria schon früh unter Muslimen einnimmt. Dass man sich Gedanken über die Dauer ihrer Schwangerschaft macht (da sie möglicherweise von einer »normalen« Schwangerschaft abweicht), unterstreicht dies. Wörtlich:

»Die Gelehrten sind unterschiedlicher Meinung über die Länge von Mariens Schwangerschaft und die Zeit, zu der sie Jesus gebar. Einige sagen: Ihre Schwangerschaft dauerte neun Monate, wie die anderer Frauen. – Es heißt auch: Acht Monate. Das war ein anderes Zeichen, denn kein Achtmonatskind ist am Leben geblieben außer Jesus. – Andere sagen: Sechs Monate. – Andere: Drei Jahre. – Wieder andere: Eine einzige Stunde. – Ibn Abbâs sagt: Das heißt nichts anderes, als dass sie empfing und alsbald gebar; zwischen der Empfängnis, der Geburt und dem Zeitpunkt, da sie sich zurückzog, lag nur eine einzige Stunde, denn Gott spricht nicht von einer Trennung zwischen den beiden Ereignissen. Er sagt: ›Da war sie schwanger mit ihm und zog sich mit ihm an einen entfernten Ort zurück‹, (Sure 19,22), das heißt, an einen Ort, der von ihren Leuten weit entfernt war. – Muqâtil sagt: Jesu Mutter war eine Stunde mit ihm schwanger, er wurde (in ihrem Leib) in einer Stunde gebildet, und er wurde zu einer Stunde geboren, da die Sonne ihren Tag beendete. Sie war zwanzig Jahre alt. Bevor sie mit Jesus schwanger wurde, hatte sie zwei Perioden gehabt.«[46]

Palme und Quellwasser: Maria in Ägypten?

Schwanger geworden, zieht sich Maria Sure 19 zufolge ein weiteres Mal zurück, diesmal an einen »*fernen Ort*«. Zu denken ist an eine Wüsten-Oasen-Szenerie, was die Erwähnung weiterer Raum-Details plausibler macht: »*Stamm einer Palme*«/»*fließendes Wasser*«. Die Raumstruktur des ersten Teils »östlicher Ort« – »Vorhang« wiederholt sich hier mit der Polarität »ferner Ort« – »Palme«/»Wasser«. Auf einer persischen Miniatur, gemalt um 1560 n. Chr., ist diese Szene festgehalten und eindrücklich im Zusammenspiel verschiedener Farben gestaltet (siehe Abbildungen im Buch und auf dem Umschlag).

Gerade für diesen Abschnitt aus Sure 19 hat man auf *Parallelen* zu *außerkanonischen christlichen Überlieferungen* aufmerksam gemacht.[47] Zum »Palm- und Quellwunder« (Sure 19,25 f.: Speisung und Tränkung durch Baum und Quelle; Rede des Neugeborenen) finden sich Parallelen im *Pseudo-Matthäus-Evangelium*, eine christliche Schrift zur Verherrlichung Marias als Königin der Jungfrauen. Sie schildert dieses Ereignis im Zusammenhang mit der Ägypten-Flucht der »Heiligen Familie«, stammt aber aus nachkanonischer (!) Zeit: aus dem 8./9. Jahrhundert.[48] Trotzdem sei dieser, die christliche Ikonographie und die weitere muslimische Tradition beeinflussende Text als ganzer zitiert:

»Am dritten Tag ihrer Reise, während sie [Jesus, Maria, Josef] weiterzogen, traf es sich, dass die selige Maria von der allzu großen Sonnenhitze in der Wüste müde wurde, und als sie einen Palmbaum sah, sagte sie zu Josef: ›Ich möchte im Schatten dieses Baums ein wenig ausruhen‹. So führte Josef sie denn eilends zur Palme und ließ sie vom Lasttier herabsteigen. Als die selige Maria sich niedergelassen hatte, schaute sie zur Palmkrone hinauf und sah, dass sie voller Früchte hing. Da sagte sie zu Josef: ›Ich wünschte, man könnte von diesen Früchten der Palme holen.‹

Josef aber sprach zu ihr: ›Es wundert mich, dass du dies sagst; denn du siehst doch, wie hoch diese Palme ist, und (es wundert mich), dass du (auch nur) daran denkst, von den Palmenfrüchten zu essen. Ich für mein Teil denke eher an den Mangel an Wasser, das uns in den Schläuchen bereits ausgeht, und wir haben nichts, womit wir uns und die Lasttiere erfrischen können.‹

Da sprach das Jesuskind, das mit fröhlicher Miene in seiner Mutter Schoß saß, zur Palme: ›Neige, Baum, deine Äste, und mit deiner Frucht erfrische meine Mutter.‹ Und alsbald senkte die Palme auf diesen Anruf hin ihre Spitze bis zu den Füßen der seligen Maria, und sie sammelten von ihr Früchte, an denen sie sich alle labten.

Nachdem sie alle ihre Früchte gesammelt hatten, verblieb sie aber in gesenkter Stellung und wartete darauf, sich auf den Befehl dessen wieder aufzurichten, auf dessen Befehl sie sich gesenkt hatte. Da sprach Jesus zu ihr: ›Richte dich auf, Palme, werde stark und geselle dich zu meinen Bäumen, die im Paradies meines Vaters sind. Und erschließe unter deinen Wurzeln eine Wasserader, die in der Erde verborgen ist, und die Wasser mögen fließen, damit wir aus ihr unseren Durst stillen.‹

Da richtete sie sich sofort auf, und eine ganz klare, frische und völlig helle Wasserquelle begann an ihrer Wurzel zu sprudeln. Als sie aber die Wasserquelle sahen, freuten sie sich gewaltig, und sie löschten ihren Durst, sie selber, alle Lasttiere und alles Vieh. Dafür dankten sie Gott.«

Sollte es untergründige motivgeschichtliche Verbindungen zwischen dieser und der koranischen Version des »Palm- und Quellwunders« gegeben haben, so fallen vor allem die *Unterschiede* ins Auge.
– Die wundersame Erquickung Marias ist im Koran ein *göttliches* Wunder; der Neugeborene weist lediglich darauf hin. Bei Pseudo-Matthäus geschieht das Wunder durch den Jesusknaben selbst. Er, als Kind (!), befiehlt der Palme, sich niederzusenken, befiehlt das Fließen eines Wassers zur Stillung des Durstes.
– Der Koran erzählt von diesem Ereignis äußerst zurückhaltend. An narrativer Ausschmückung des Mirakelhaften ist er offensichtlich nicht interessiert. Maria wird lediglich aufgefordert, den Stamm der Palme zu schütteln (Sure 19,25). Mirakelhaft ist das nicht. In der christlichen Quelle neigt sich die Palme spektakulär mit ihren Ästen zu Boden und richtet sich ebenso dramatisch auf Befehl wieder auf.

Dass Jesus als neugeborenes Kind mit Vater und Mutter »nach Ägypten« flieht, kennt die christliche Überlieferung bekanntlich seit dem Matthäus-Evangelium (Mt 2,14). Dass diese nackte Information durch die Tradition ausgestaltet wurde, verwundert nicht. So wird bis heute in ’Ain Šams, dem antiken Heliopolis und heutigem Vorort von Kairo, der Baum von al-Matarīya gezeigt, unter dem die »Heilige Familie« auf ihrer Flucht nach Ägypten gerastet haben soll, seit dem Mittelalter ein beliebter Wallfahrtsort, der die Pilger, die aus der Wüste kommen, zu einem erquickenden Bad einlud. »Sowohl Christen wie Muslime hielten das Wasser für heilig und heilsam«, so der Historiker *Otto F.A. Meinhard* in seiner lesenswerten Untersuchung »In the Steps of the Holy Family from Bethlehem to Upper Egypt« (1963). Mehr noch: Meinhard macht ebenfalls auf einen muslimischen Historiker namens Maqrîzî des 15. Jahrhunderts aufmerksam. Er erwähnt eine Palme in Ahnassîah al-Madinat, der antiken Stadt Herakleopolis in der Provinz Beni Suef. Diese Palme sei bis zum Ende der Omajadendynastie (750 n. Chr.) dort gesehen worden. Sie gilt als die Palme, die in Sure 19,23-25 erwähnt sei. Christliche und muslimische Traditionen haben sich gerade auf ägyptischem Boden eine Zeitlang miteinander verschlungen.

Die einzige Frau mit Namen im Koran

Was immer es an Motiv-Verbindungen und -Verknüpfungen gegeben haben mag, der Koran selber liefert uns in Sure 19,22-29 selber diese Signale:

(1) Auffällig ist zunächst, wie erzählerisch kunstvoll der Koran auch in diesem Teil des Textes mit *Kontrasten* arbeitet. Einerseits die Entweltlichung der Welt auf knappste Details, andererseits der Realismus der Welt: das ganz und gar realistisch geschilderte Erstaunen der Umwelt Marias über das Kind einer unverheirateten Frau, der Verdacht der Hurerei. Dem Wunsch Marias, fast oder völlig vergessen zu sein (Sure 19,29), entspricht die fürsorgliche Tat Gottes. Marias Todessehnsucht steht das lebendige Quell-Wasser gegenüber. Die Bitterkeit ihrer Schmerzen bei der Geburt kontrastiert mit der wundersamen Labung durch süße Datteln. Dem emphatischen Schweigegelübde der Erwachsenen entspricht das zweimalige Reden des Neugeborenen. Der Text arbeitet also noch stärker als im ersten Teil mit einem literarisch bewusst gesetzten Kontrast zwischen Realismus und Stilisierung, zwischen Alltagsniedrigkeit und prophetischer Hoheit, zwischen konkreten Wirklichkeits-Details der menschlichen Geschichte und einer Entwirklichung der Welt zum Zwecke der Transparenz für das Göttliche.

(2) Strukturell lässt die Rettungsszene mit dem fließenden Wasser Anklänge an die *Rettung der Hagar* erkennen, wie sie im Buche Genesis geschildert wird (Gen 21,14-19). Wasser eines Brunnens spielt schon hier eine entscheidende Rolle. Und die Hagar-Assoziation ist schon deshalb

nicht abwegig, weil zwar nicht im Koran, wohl aber in der nachkoranischen Überlieferung Hagar als »Mutter des Islam« eine zentrale Rolle spielen wird. Undenkbar, dass ihre Geschichte dem Propheten nicht bekannt gewesen sein soll. Denn über ihren mit Abraham gemeinsamen Sohn Ismael wird schon im Koran die Verbindung der Muslime zu Abraham abgeleitet (vgl. Sure 2,127; 3,84).[49] Nach den biblischen und nachkoranischen Erzählungen wird Hagar von Abraham und Sara zwar verstoßen und gerät mit ihrem dreizehnjährigen Sohn Ismael in die Wüste, doch Gott rettet sie durch einen Engel. Hagar entdeckt lebenspendendes Wasser. Sie geht hin, füllt ihren Schlauch und gibt ihrem Sohn zu trinken (vgl. Gen 21,19). In beiden Fällen also, in Genesis 21 und in Sure 19, geht es um eine wundersame Rettung der Ur-Mütter durch Gott. Das von Gott gelenkte Schicksal von Maria *und* Hagar soll sich offensichtlich entsprechen. In Maria wiederholt sich Hagars Schicksal, das Überleben der Mutter des Islam.

(3) Dass der Koran (anders als christliche Überlieferung, welche die Geburt Jesu in Krippe, Stall oder Höhle verlagert) für die Geburt Jesu die Szenerie »Wüste« wählt, hat tiefe theologische Bedeutung. Die Wüste ist bekanntlich der tote, unfruchtbare, nackte Raum schlechthin, ein Ort der Leere, ein Ort ohne Eigenmacht. Er kann gerade so zum objektiven Korrelat für Gottes Fülle, Gottes Präsenz, Gottes Zur-Welt-Kommen werden. Mehr noch und genauer: Er kann als toter Raum Gottes kraftvolles, Leben schaffendes Handeln umso eindrücklicher erscheinen lassen. Die Wahl dieser und keiner anderen Szenerie unterstreicht ihrerseits die schöpfungstheologische Pointe der gesamten Sure 19.

Daraus folgt:

Schon in Sure 19 und damit von Anfang an spielt Maria im Koran eine wichtige Rolle als eine Frau, die in besonderer Weise von Gott ausgezeichnet wird. »Gedenke in der Schrift der Maria!« (19,16) – das ist nicht als bloße Formel gemeint, das ist eine theologische Qualifikation. Maria ist buchstäblich denk-würdig und denk-notwendig. Sie ist die einzig namentlich erwähnte Frau im Koran überhaupt. Sie gehört in die Reihe der Personen, die den Adressaten des Koran als besonderes Zeichen des Schöpfergottes in der Geschichte der Menschheit in Erinnerung gerufen werden. Sure 19 trägt nicht zufällig schon im Titel den Namen »Maryam«.

Entsprechend ernst zu nehmen ist die Aussage, die in Sure 19 schon Jesus als Kind in den Mund gelegt wird: »ehrerbietig« zu sein gegen seine Mutter. Als Mutter Jesu genießt Maria nicht nur Respekt, sondern Verehrung. Von daher kann es in den nächsten Suren aus der *mittelmekkanischer Zeit* schon formelhaft-festgefügt heißen:

>»und machten den Sohn Marias und seine Mutter zu einem Zeichen. Wir gaben ihnen Zuflucht auf einer Anhöhe mit festem Grund und Quell.« (Sure 23,50)

3. MARIAS GEBURT UND KINDHEIT: SURE 3

Allerdings fällt auf, dass die Erinnerungsarbeit im Blick auf Maria zunächst auf diese wenigen Texte aus der zweiten Periode von Mekka beschränkt bleibt. In der ersten und dritten Periode kein Wort zu Maria. Das ändert sich erst in Medina. In Sure 3 kommt es nicht bloß zu erneuten Aussagen über die Geburt von Johannes und Jesus. Jetzt finden sich völlig neue Aussagen über Maria. Der Grund?

Maria als Spiegelfigur für Juden

Der Grund ist auch hier in Sure 3 die Auseinandersetzung mit den jüdischen Stämmen Medinas. Wir haben im Zusammenhang mit Johannes bereits davon gehört. Schon er war programmatisch als ein Prophet des Judentums herausgestellt worden. Dasselbe geschieht nun mit Maria. Der Göttinger Islamwissenschaftler *Tilman Nagel* hat in seiner 2008 publizierten monumentalen Mohammed-Biographie zu Recht darauf hingewiesen: »Wie in Sure 4 betrachtet Mohammed [auch in Sure 3] die Menschheitsgeschichte als eine Kette von Maßnahmen, in denen Allah eins ums andere Mal die von ihm für tauglich erachtete Form der Gemeinschaft stiftete. Maßnahmen, denen bis jetzt aber kein dauerhafter Erfolg beschieden war, eben weil sich viele Menschen nur halbherzig auf sie einließen oder sich womöglich ganz versagten. Imrān heißt in der ›Lesung‹ [von Sure 3] der Vater Marias; diese wird von ihrer Mutter dem Tempeldienst geweiht. Mohammed erzählt dies, um den Frevel der Juden, die Jesus ablehnten, als besonders skandalös hinzustellen. Schon an Maria hätten sie die Zeichen der Erwähltheit erkennen müssen; um wie viel größer ist die Schuld, die sie mit der Zurückweisung des Messias auf sich luden (Vers 34-57)! Wozu Mohammed die Geschichte Jesu in jenen Tagen benutzte, ist uns seit der Erörterung von Sure 4 bewusst; hier, in Sure 3, werden wir nun mitten in die Auseinandersetzungen mit den ›Schriftbesitzern‹ hingeführt«.[50]

In der Tat taucht Marias Geschichte jetzt – in Sure 3 – in einem innerjüdischen Kontext erneut auf: als weiteres Zeichen Gottes, das von Juden schon einmal ignoriert worden war. Aber welch eine Verstärkung jetzt im Vergleich zu Sure 19. Jetzt wird nicht nur von Maria als Mutter Jesu gesprochen, jetzt wird von ihrer *eigenen* Geburt berichtet. »Geburt Marias« – diese Rede bekommt auf einmal einen Doppelsinn. Es geht um sie selber. Zu *ihrer* Geburt in Sure 3 liest man:

33 Gott erwählte Adam, Noach, Abrahams Leute und die Leute Imrāns aus aller Welt,
34 die einen als Nachkommen der anderen.
       Gott hört und weiß.
35 Als Imrāns Frau sagte:
       »Herr, was in meinem Leib ist, gelobe ich dir: Es sei geweiht. So nimm es von mir an!
       Du bist der Hörende und Wissende.«
36 Als sie es dann geboren hatte, sagte sie:
       »Herr, ich habe ein Mädchen geboren –
       Gott wusste am besten, was sie geboren hatte. Das Männliche ist nicht wie das Weibliche.
       Ich habe es Maria genannt und stelle es mit ihren Nachkommen unter deinen Schutz vor dem gesteinigten Satan.«
37 Da nahm ihr Herr sie gut an und ließ sie gut heranwachsen. Er gab sie Zacharias zur Obhut. Sooft Zacharias zu ihr in den Tempel ging, fand er sie versorgt. Er sagte:
       »Maria, woher hast du das bekommen?«
Sie sagte:
       »Von Gott. Gott versorgt, wen er will, ohne Berechnung.«
       (Sure 3,33-37)

Im Neuen Testament wird weder der Name des Vaters noch der der Mutter Marias genannt. In der christlichen Tradition heißen sie Anna und Joachim. Der Koran dagegen kennt mit »Imrān« einen Vater Marias (Sure 3,33), der damit zugleich der Großvater von Jesus wäre (vgl. auch 66,12). Der eigentümliche Name dürfte auf eine biblische Figur verweisen. Offenbar ist hier eine Erinnerung an Amrām aufbewahrt, der in der Hebräischen Bibel allerdings der Vater der Geschwister Mose, Aaron und Mirjam ist (Num 26,59). Das wirft erhebliche Auslegungsprobleme auf, ist der Imrān des Koran doch eindeutig der Vater der Mutter Jesu. Die Stelle war und ist Gegenstand kontroverser, teils polemischer Exegese.[51] Entscheidend ist: Mit der Erwähnung eines Vaters von Maria legt der Koran offensichtlich nicht nur Wert auf eine konkrete menschliche Abstammung von Maria und Jesus, sondern zugleich auf ein geschichtliches Wurzelwerk, aus dem Maria und Jesus stammen: aus der Welt des biblischen Judentums.

Damit ist die Grundvoraussetzung für das nun folgende Drama gegeben. Denn Imrāns Frau, die Mutter Marias, weiht, so hören wir (Sure 3,35), *vor* der Niederkunft ihr Kind bereits Gott. Sie bietet ihr Neugeborenes schon *vor* dessen Geburt Gott zum Dienst an. Warum sie das tut, erklärt der Text nicht. Wichtig ist offenkundig nur das Faktum: Maria soll von Anfang ihres Lebens an als ein Mensch *im Dienst Gottes* erscheinen. Und die Ergebenheitsadresse »Du bist der Hörende und Wissende« (Sure 3,35) soll diese Weihe nicht als menschliche Aktion erscheinen lassen, von der Gott überrascht wird. Das neugeborene Kind soll als Inkarnation von Gottergebenheit schlechthin wahrgenommen werden. Das religionspolitische Kalkül einer solchen Stilisierung ist im geschilderten Zusammenhang dieser Sure offenkundig:

Maria ist innerhalb der Welt des Judentums zusammen mit Adam, Noach und »Abrahams Leuten« eine vorbildlich Glaubende und kann von daher ausgespielt werden gegen Juden heute, mit denen sich der Prophet im Konflikt befindet. Maria ist somit die Kontrastfigur schlechthin zu »denen, die nicht an Gottes Zeichen glauben, die die Propheten im Unrecht töten, all diejenigen unter den Menschen töten, die die Gerechtigkeit gebieten« (Sure 3,21).

Frühchristliche Parallelen

So gesehen begreifen wir auch, warum Sure 3 nicht von einem Problem um die Schwangerschaft der Mutter Marias berichtet, ganz im Gegensatz zum Fall des Zacharias, dessen Geschichte in derselben Sure gleich anschließend, wie wir hörten, noch einmal erwähnt wird. Ja, wie wenig der Koran an *dieser* Stelle an Konflikten interessiert ist (Konflikten zwischen Mensch und Mensch oder zwischen Mensch und Gott), illustriert ein Vergleich mit demjenigen Text, der, wie wir hörten, als *frühchristliche Parallele* zu dieser Koran-Stelle am ehesten in Frage kommt: ein Text aus dem *Protevangelium des Jakobus*. Hier ist zunächst ausführlich davon die Rede, dass Marias Mutter Anna unfruchtbar ist und ihr Schicksal vor Gott in aller Bitterkeit beklagt habe. Darin gleicht sie Frauen wie Sara im Alten Testament und Elisabeth im Neuen Testament. Anna fleht zu Gott, hadert mit ihm, verflucht sich selber. Das ganze Drama einer bisher kinderlos gebliebenen Frau wird uns in diesem apokryphen Kindheitsevangelium zunächst vor Augen geführt. Erst dann heißt es:

>»Und siehe, ein Engel des Herrn trat zu ihr und sprach: ›Anna, Anna, der Herr hat deine Bitte erhört. Du wirst empfangen und gebären, und deine Nachkommenschaft wird in der ganzen Welt genannt werden.‹
>
>Da sprach Anna: ›So wahr der Herr, mein Gott, lebt, wenn ich gebären werde, sei es ein Knabe oder ein Mädchen, so will ich es dem Herrn, meinem Gott, als Opfergabe darbringen, und es soll ihm Dienste verrichten alle Tage seines Lebens.‹ […]
>
>Und siehe, da kam Joachim mit seinen Herden, und Anna stand unter der Türe, und sie sah Joachim kommen, lief alsbald herbei, fiel ihm um den Hals und sprach: ›Jetzt weiß ich, dass Gott, der Herr, mich [dich] reich gesegnet hat; denn siehe, die Witwe ist nicht mehr Witwe, und ich, die Kinderlose, habe in meinem Leib empfangen [werde in meinem Leib empfangen].‹«[52]

Im Vergleich zu diesem christlichen Text spricht der Koran von der Geburt Marias gänzlich undramatisch. Keine Rede von der Not einer Unfruchtbaren, von einer emotionalen Aufgeregtheit zwischen Mann und Frau. Von vornherein präsentiert der Koran die Geburt Marias in Form eines Gebetes, eines Gebetes des Vertrauens an Gott, der stets der »Hörende« und immer schon »Wissende« ist. Statt also eines dramatischen Dialogs Mensch – Gott oder Frau – Mann knappe monologische Sätze in Gebetssprache: »Herr, was

in meinem Leib ist, gelobe ich dir: Es sei geweiht. So nimm es von mir an!«
(Sure 3,35).

Nur die Fortsetzung lässt einen emotionalen Wellenschlag erkennen.
Warum weist Marias Mutter nach der Geburt ausdrücklich auf die Existenz
eines »Mädchens« hin – und muss dann anschließend von Gott, dem »Wis-
senden«, zurechtgewiesen werden (Sure 3,36)? Als ob Gott nicht das Männliche vom Weiblichen unterscheiden könnte! Der Grund liegt wohl darin,
dass hier, ausgesprochen – unausgesprochen, eine Enttäuschung bei der Gebärenden durchzuklingen scheint. Marias Mutter hatte offensichtlich
gehofft, einen Jungen zur Welt zu bringen. Nun fragt sie sich, ob ihr Weihe-
gelübde (»Was in meinem Leib ist, gelobe ich dir: Es sei geweiht«) überhaupt
noch erfüllt werden kann. Diese überraschende Nuance im Text aber hat
weniger mit kultureller Bedingtheit zu tun, etwa der Tatsache, dass nach alt-
orientalischer Denkweise ein Junge für Eltern nun einmal mehr zählt als ein
Mädchen. Nicht das ist die Pointe. Die Pointe hat vielmehr theozentrischen
Charakter. Gerade weil die »natürliche«, »normale« Reaktion von Menschen damaliger Zeit hier eingespielt wird (Enttäuschung über die Geburt
eines Mädchens), kann die Schlussfolgerung nur lauten:

*Mit der Geburt des Mädchens Maria durchbricht Gott althergebrachte
Geschlechter-Vorstellungen. Er weiß von vornherein, dass ein Mädchen
zur Welt kommen wird. Denn mit diesem Mädchen hat Gott etwas Besonderes vor. Er macht es zum Instrument seiner Erwählung. Er stellt es
unter seinen besonderen Schutz.*

Nur so versteht man wohl auch die Anspielung auf den Satan (Sure 3,36).
Es geht um bleibende Reinheit und Sündenlosigkeit Marias, ist doch der
Satan dem Koran zufolge der Feind des Menschen. Er und seine Dämonen
suchen den Menschen nachzustellen und sie ins Unglück zu stürzen (vgl.
Sure 15,36-42). Maria und ihre Nachkommen sollen von Anfang an davor
bewahrt werden.

Marias Erwählung durch Gott

Wo genau Maria heranwächst, lässt der Koran wenigstens durchscheinen:
im Tempel! (Sure 3,37). Wir werden ergänzen dürfen: offensichtlich *zu
Jerusalem.* Das entspricht der vorher angekündigten Gottesweihe. Die

Gottgeweihte lebt in Gottes Bezirk. Wiederum beschränkt sich der Koran auf knappste Aussagen. Nicht an der Lokalität als solcher ist er interessiert, auch nicht an einer Beziehung Zacharias – Maria. Zacharias darf das Kind betreuen, mehr nicht. Alles an Realität ist so zurückgenommen, dass das mit dieser Frau verbundene besondere Zeichen hervortreten kann: die einzigartige Nähe Gottes zu diesem besonderen Menschen. Daher die Erwähnung, dass Maria versorgt werde ohne menschliches Zutun. Versorgt ist diese Frau »von Gott« – im Bewusstsein: »Gott versorgt, wen er will, ohne Berechnung« (Sure 3,37), das heißt, ohne Gegenleistung zu erwarten. Maria ist an dieser Stelle im Koran vollends die Verkörperung eines Lebens in vertrauender Hingabe an Gott.

Bevor nun die Geschichte Marias weitererzählt wird, schiebt der Koran in Sure 3,38-41 das Drama um die Geburt des Zacharias-Sohnes Johannes ein. Dann heißt es wieder über Maria:

42 Als die Engel sagten:
»Maria, Gott hat dich erwählt und gereinigt, erwählt aus den Frauen aller Welt.
43 Maria, sei deinem Herrn demütig ergeben! Wirf dich nieder und verneige dich mit denen, die sich verneigen!«
44 Das gehört zu den verborgenen Geschichten. Wir offenbaren es dir. Du warst nicht bei ihnen, als sie ihre Stäbe warfen, wer von ihnen Maria in Obhut nehmen solle, und nicht, als sie miteinander stritten.« (Sure 3,42-44)

Während die Aussagen in Sure 3,42 und 43 keine Verständnisschwierigkeiten machen und aus dem Text selber heraus erschlossen werden können, ist die Aussage in Sure 3,44 (»Du warst nicht bei ihnen, als sie ihre Stäbe warfen ...«) besser zu verstehen durch Heranziehung eines weiteren *Paralleltextes* aus dem Protevangelium des Jakobus.[53] Dieser enthält zwar nicht die Information, dass Maria Zacharias anvertraut worden sei, wohl aber die Mitteilung, Zacharias habe aufgrund einer Engelserscheinung für die zwölfjährige Maria einen entsprechenden Mann aussuchen sollen, was in Form eines Staborakels geschieht. Alle Witwer im Volk versammeln sich im Tempel, darunter auch ein alter Mann namens Joseph, Vater einiger Söhne. Der Priester nimmt ihre Stäbe in Empfang, geht damit in das Innere des Tempels und wartet auf ein Zeichen Gottes. Und da aus dem Stab des Joseph eine Taube hervorkommt und auf das Haupt des Joseph fliegt, ist die Wahl getroffen.

Auf ein solches Staborakel bezüglich der Zukunft Marias spielt wohl auch Sure 3,44 an. Während aber dem christlichen Text zufolge das Los namentlich auf Joseph fällt, wird der Name des Angetrauten Marias im Koran nicht erwähnt, und zwar nicht nur hier nicht, sondern überhaupt nicht. Dafür aber sind in diesem Koran-Text die Aussagen über Maria wie nirgendwo sonst gebündelt:

(1)»*Gott hat dich erwählt …*« (Sure 3,42): Maria ist eine Erwählte Gottes. Damit wird die besondere Stellung Marias gegenüber »Frauen aller Welt:« zum Ausdruck gebracht. Die Hinzufügung, Gott habe sie »gereinigt«, ist Voraussetzung für Marias Aufenthalt im Heiligtum, vom dem im Koran vorher die Rede war. Dass Maria »gereinigt« wurde, also sündenlos ist, bevor sie Jesus empfängt, ist auch der christlichen Tradition wichtig.

(2)»*Sei deinem Herrn demütig ergeben …*« (Sure 3,43): Maria ist die Verkörperung von Gottergebenheit schlechthin. Die hier genannten drei Imperative »demütig ergeben«, »niederwerfen«, »verneigen« deuten auf die muslimische Art der Gebetsverrichtung mit ihren verschiedenen Gebetshaltungen hin: innere Einstellung, Hinstrecken auf die Erde, körperliche Verneigung. Beide Körperhaltungen zusammen, Verneigung wie Niederwerfen, werden empfohlen, wenn es im Koran an anderer Stelle heißt: »Ihr, die ihr glaubt, verneigt euch, werft euch nieder, dient eurem Herrn und tut das Gute!/ Vielleicht ergeht es euch gut« (Sure 22,77). Maria vollzieht exemplarisch und antizipatorisch, wozu alle wahren Gläubigen aufgefordert sind.

Daraus folgt für das Maria-Bild des Koran:

> *Maria, die Mutter Jesu, ist von Anfang ihres Lebens an eine von Gott erwählte Frau. Schon als Kind ist sie von Gott beschützt und umsorgt. Bleibende Reinheit und Sündenlosigkeit werden ihr zugeschrieben. Sie ist die Verkörperung von Gottergebenheit schlechthin. All dies zusammen erlaubt es, von Grundelementen einer theozentrischen Mariologie im Koran zu sprechen.*

Geistschöpfung und Jungfrauengeburt

Bekräftigt wird diese theozentrisch ausgerichtete Mariologie durch das *Motiv der Geistschöpfung*. Bisher hatte Sure 3 im Vergleich zu Sure 19 ja ihr Eigenprofil durch die Erwähnung von Geburt und Kindheit Marias. Jetzt nimmt auch sie das Motiv auf, von dem schon in Sure 19 die Rede war: die Ankündigung von Jesu Geburt, den Dialog mit dem Engel und die schöpferische Tat Gottes:

45 Als die Engel sagten:
»Maria, Gott verkündet dir von sich ein Wort, dessen Name ist: Christus Jesus, der Sohn Marias. Geehrt ist er im Diesseits und im Jenseitig-Letzten und gehört zu denen, die (Gott) nahe gebracht sind.
46 Er spricht zu den Menschen in der Wiege und als Erwachsener und gehört zu den Rechtschaffenen.«
47 Sie sagte:
»Herr, wie sollte ich ein Kind bekommen, wo mich kein Mensch berührt hat?«
Er sagte:
»So ist Gott. Er erschafft, was er will. Wenn er eine Sache beschließt, dann sagt er zu ihr nur:
›Sei!‹,
und da ist sie. (Sure 3,45-47)

Auf die spezifischen Aussagen über Jesus werden wir noch einzugehen haben. Hier bleiben wir auf die Rolle Marias konzentriert. Im Vergleich zu Sure 19 stellen wir fest:

(1) Anders als in der mekkanischen Version hat Maria in diesem Bericht keine Vision, sondern eine *Audition*. Ihr erscheint nicht der Geist Gottes, sie hört die Rede einer Mehrzahl von (wohl unsichtbar bleibenden) *Engeln*.

(2) Die Reaktion Marias erscheint in Sure 3 noch stärker stilisiert. Keine Rede mehr von einer doppelten Angst wie in Sure 19: Angst vor der plötzlichen Erscheinung und Angst, als »Hure«, beschimpft zu werden. Übrig geblieben ist von ihrer elementaren menschlichen Reaktion nur die Frage nach der Möglichkeit von Schwangerschaft ohne Berührung durch einen »Menschen«.

(3) Deutlicher noch als in Sure 19 wird hier in Sure 3 die Schöpfermacht Gottes hervorgehoben. Was in Sure 19 relativ schwach ausgedrückt wird (»Dein Herr sagt: Das fällt mit leicht ... es ist beschlossene Sache«), wird in Sure 3 kraftvoll betont: »So ist Gott. Er erschafft, was er will. Wenn er eine Sache beschließt, dann sagt er zu ihr nur: Sei!«

In der Sache freilich bestehen zwischen beiden Koranversionen deutliche Übereinstimmungen:

*Maria empfängt aller Skepsis zum Trotz kraft des schöpferischen Wortes
Gottes und mittels des göttlichen Geistes ihr Kind. Dialektik des Handelns Gottes auch hier: Wie Gott im Fall des Johannes einem alten Ehe-
paar Fruchtbarkeit schenkt, so kann er auch einer jungen Frau ohne
Zutun eines Mannes ein Kind gewähren – als erneutes Zeichen seiner
schöpferischen Macht und Kraft. Er erwählt Maria zur Mutter eines von
ihm besonders erwählten Gesandten.*

Ja, wie sehr Maria im Koran hervorgehoben wird,[54] zeigt noch einmal eindrucksvoll Sure 66 aus spätmekkanischer Zeit. Vier Frauen werden hier
verglichen: die Frau des Noach, die Frau des Lot, die des Pharao und
Maria. Noachs und Lots Frauen werden als »treulos« dargestellt und dem
Gericht überantwortet. Pharaos Frau und Maria werden als Vorbilder herausgestellt:

11 Für die, die glauben, hat Gott als Beispiel Pharaos Frau gegeben.
     Als sie sagte:
        »Herr, baue mir bei dir ein Haus im Garten, rette mich vor Pha-
        rao und seiner Tat, rette mich vor dem Volk, das Unrecht tut!«
12 Und Maria, Imrāns Tochter, die ihre Scham schütze. Da bliesen wir
     in sie von unserem Geist. Sie glaubte den Worten ihres Herrn und
     seinen Schriften und gehörte zu den Gehorsamen.« (Sure 66,11 f.)

Wir können nun den koranischen Befund zusammenfassen. Wir tun das
mit den Worten der beiden katholischen Theologen *Ludwig Hagemann*
und *Ernst Pulsfort,* der wir eine kleine, heute noch lesenswerte Studie
»Maria, die Mutter Jesu, in Bibel und Koran« (1992) verdanken: »Auch
Maria wird im Koran zusammen mit ihrem Sohn als ›Zeichen für die Menschen‹ charakterisiert. Auch an ihr kann Gottes Handeln abgelesen werden. Sie gilt als Typos der glaubensbereiten Frau und wird als Beispiel für
die Gläubigen hingestellt. Wie die Frau des zunächst ungläubigen Pharao
im Gebet ihren Glauben bekennt (Sure 66,11) und wie die Königin von
Saba den Ungläubigen ihrer Umgebung im Glauben vorangeht (Sure
27,23-33), so steht Maria als Gläubige den ungläubigen Israeliten gegenüber. Damit wird Maria neben der Frau des Pharao und der Königin von
Saba und im Gegensatz zu den ungläubigen Frauen von Noach und Lot
(Sure 66,10 f.) zum Typus und zur Präfiguration des Glaubens der Khadîdja, Mohammads Gemahlin, die nach der Überlieferung als erste den
Islam annahm. Maria wird in der islamischen Tradition zusammen mit
Âisha, Khadîdja und Fâtima als eine der vier besten Frauen, die je gelebt

haben, angesehen und gilt als Haupt der Frauen im Paradies. Wie Abraham (Sure 19,41), Idrîs (Sure 19,56) und Joseph, der Sohn Jakobs (Sure 12,46), wird auch Maria im Koran als ›siddîka‹ charakterisiert, was soviel wie ›gerecht‹ und ›fromm‹, auch ›wahrhaftig sein‹ bedeutet. Weil sie ›die Worte ihres Herrn und seiner Bücher‹ für wahr hielt, gehört sie ›zu denen, die (Gott) demütig ergeben sind‹ (Sure 66,12).«[55]

4. DIE VEREHRUNG MARIAS IM ISLAM

Nach alldem liegt die Frage nahe: Was eint Muslime und Christen in der Verehrung Marias, was trennt sie?

Nachdenken über Maria mit Muslimen

Wir sahen: Von den beiden neutestamentlichen Geburtsberichten gibt nur der von Lukas Maria eine eigene Rolle und ein eigenes theologisches Profil. Zusammenfassend lässt sich dazu sagen: »Die Gottes Tat entsprechende Handlung ist durch die Hirten und besonders durch Maria veranschaulicht. Es ist nicht die der Unterwürfigkeit und des blinden Gehorsams, sondern die des aktiven Glaubens. Maria wird im Text [des Lukas] weder als Mitvermittlerin des Heils noch als Beispiel der demütigen Frau, sondern wie Abraham als Typus der Gläubigen dargestellt. Ihr Glaube ist im doppelten Sinn aktiv: Sie versteht und sie erlebt, was sie glaubt. Lukas erzählt eine Geschichte und zitiert göttliche Stimmen. Damit bleibt er seinem theologischen und literarischen Programm treu. Gott wirkt durch menschliche Situationen, die er dem Glauben durch das Wort seiner Zeugen erschließt.«[56]

Zwischen dem Maria-Bild des Lukas und dem des Koran gibt es somit bemerkenswerte Übereinstimmungen:

Weder im Neuen Testament noch im Koran ist Maria Mittlerin des Heils, aber auch nicht bloß demütige Frau. Sie ist Typus eines glaubenden Menschen schlechthin. Christen und Muslime wissen um die Erwähltheit Marias durch Gott. Wissen um die Reinheit Marias als Symbol ihrer Gottempfänglichkeit, um die Demut Marias als Zeichen ihres Gottvertrauens, um den Glauben Marias als Ausdruck ihrer Gottergebenheit.

Zugleich muss betont werden, worin sich Christen und Muslime unterscheidenden:

Christen erkennen die zentrale Bedeutung Marias für Sendung, Botschaft und Geschick ihres Sohnes Jesus Christus. Die »heilsgeschichtliche« Einzigartigkeit Marias wird durch die Einzigartigkeit ihres Sohnes begründet. Die christliche Mariologie steht im Dienst der Christozentrik. Diese heilsgeschichtliche Zentralität Marias ist Muslimen fremd. Christen haben dabei sensibel auf die »Warnungen« der Partner im Dialog zu hören, wenn sie die theozentrische Mariologie durch eine christozentrische ergänzen. Diese Ergänzung ist keine Ersetzung, sondern nach christlichem Verständnis eine Vertiefung. In jedem Fall gilt: Eine Vergöttlichung Marias ist weder mit dem Marienbild des Neuen Testamentes noch dem Bekenntnis zu Maria in der kirchlich-konziliaren Tradition (»Gottesgebärerin«) vereinbar.

Übereinstimmungen und Differenzen drücken sich gerade auch in neueren exegetischen und historischen Arbeiten von Muslimen zu Maria und Jesus aus. Ich verweise auf die Arbeiten von *Muzaffer Andaç* (2000), *Nimetullah Akin* (2002), *Ahmed Ginaidi* (2002)[57] sowie *H. Ilker-Çinar* (2007). *Annemarie Schimmel* hat darüber hinaus schon 1996 in ihrem Buch »Jesus und Maria in der islamischen Mystik« auf eindrucksvolle Weise gezeigt, »wie Maria in der islamischen Tradition zum Symbol der menschlichen Seele geworden ist, der Seele, die durch die Gnade Gottes die höchste Weisheit wundersam gebären konnte«.[58] Schon sie hat darauf hingewiesen, dass auch in der »allgemeinen Überlieferung und Frömmigkeit« von Muslimen Maria eine wichtige Rolle spiele. Das könne man daran sehen, »wie fromme Türken das angebliche Mariengrab auf dem Bülbüldagi nahe Ephesus andachtsvoll besuchen«.[59]

Das Haus Marias bei Ephesus – Pilgerstätte für Christen und Muslime

In der Tat liegt auf diesem Berg in der Nähe der antiken Stadt Ephesus (der heutigen türkischen Stadt Selcuk) in etwa 500 Metern Höhe eine Kapelle. Sie wird als das Haus Marias bezeichnet. Die Mutter Jesu soll hier die letzten Jahre ihres Lebens verbracht haben. In türkischer Sprache heißt das Gebäude *Meryem ana evi,* wörtlich: »Maria Mutter Haus«. Und Bülbüldagi heißt wörtlich übersetzt: »Nachtigallen-Berg«! Der Überlieferung zufolge soll Johannes, Jesu Lieblingsjünger, der das Christentum in Ephesus verkündete, nach Jesu Kreuzestod Maria hierher gebracht haben – entsprechend der letzten Bitte Jesu an ihn: »Siehe, deine Mutter! Und von jener Stunde an nahm sie der Jünger zu sich« (Joh 19,27).

Dass es diesen Ort als »Haus Marias« überhaupt gibt, verdanken wir kurioserweise ausgerechnet einer stigmatisierten, vor wenigen Jahren unter Johannes Paul II. seliggesprochenen Nonne aus dem 19. Jahrhundert: *Anna Katharina Emmerick* (1774–1824), deren »Visionen« der Schriftsteller Clemens von Brentano (1778–1842) aufgezeichnet hat. 1833 veröffentlicht er einen ersten Teil seiner Emmerick-Schriften unter dem Titel »Das bittere Leiden unseres Herrn Jesu Christi. Nach den Betrachtungen der gottseligen Anna Katharina Emmerich«. Posthum wird 1852 durch Bruder Christian Brentano dann ein zweites Buch »nachgereicht«: »Das Leben der heiligen Jungfrau Maria«. Dieses Buch sollte ungeahnte Folgen haben.

Denn diese Nonne aus dem westfälischen Dülmen hatte in ihren »Betrachtungen« so genaue Angaben über die angeblich letzte Wohnstätte und das Grab (!) Marias gemacht, dass sich Ende des 19. Jahrhunderts französische Mönche nach Ephesus aufmachen, um es dort zu suchen. Sie finden auf dem »Nachtigallen-Berg« tatsächlich eine Hausruine, die zu den Beschreibungen bei Emmerick zu passen scheint.[60] »Marias Haus« glaubt man gefunden zu haben! Eine Aufsehen erregende »Sensation«. Bereits 1896 erklärt Papst Leo XIII. diesen Ort zur Wallfahrtsstätte. Sein Nachfolger, Pius X., gewährt den dorthin gelangenden Pilgern und Pilgerinnen sogar einen vollständigen Ablass. Die Päpste Paul VI. und Johannes Paul II. werten diesen Ort zusätzlich auf. Als Pilger kommt der eine am 26. Juli 1967, der andere am 30. November 1979.

Die gesamte Anlage mit ihrer im vorigen Jahrhundert über den Ruinen erbauten Kapelle ist ein einzigartiger Ort des Friedens. Und religionsgeschichtlich einzigartig dürfte auch sein: Dieser Ort wird nicht nur von Christen, sondern auch von Muslimen besucht. Betritt man heute die

Kapelle und geht in das rechts abzweigende »Schlafgemach« Marias, findet man an einer Wand eingerahmte Verse des Koran, die sich auf Maria beziehen. Auch Muslime kommen hierher, um zu beten.[61] Über eine Million Menschen pilgern jährlich an diesen Ort, Christen und Muslime.

Nicht zuletzt deshalb kommen sie, weil man unterhalb des Hauses, durch Stufen zu erreichen, Wasser finden kann. Menschen schöpfen es in der Hoffnung, Heilung zu finden. Und in der Tat: Ungezählte Menschen haben offensichtlich nach Besuch dieser Quelle Erlösung von ihren Leiden gefunden. Jedenfalls haben sie Zeichen ihrer Dankbarkeit hinterlassen. Auch Zeichen ihrer Hoffnung, ihrer Ängste und Sorgen. Dies zeigt eindrücklich eine Mauer auf dem Gelände, an der Tausende und Abertausende von kleinen Stoffstückchen hängen (siehe Bildteil). Christliche und muslimische Pilger sind hier vereint im Gebet. Sie lassen ihre Sorgen durch Maria vor Gott tragen und bezeugen ihre Dankbarkeit, wenn sie Erlösung von ihrem Leiden gefunden haben.

Der türkische Religionswissenschaftler *Ali Ihsan Yitik*, der an der Theologischen Fakultät der Universität Izmir lehrt, hat dieses Phänomen in einem lesenswerten Essay »Die Jungfrau Maria und ihr Haus bei Ephesus. Eine religionsvergleichende mariologische Untersuchung« (2000) eindrucksvoll beschrieben. Er erinnert daran, dass aufgrund der Koranaussagen und weiterer islamischer Überlieferungen Maria als eine von Gott gesandte Botschafterin, ja Prophetin angesehen wird, zumindest aber als eine Heilige, eine Aufrichtige, eine Zeugin und eine Gott Gehorsame. Maria sei »im Verständnis vieler türkischer Muslime sowohl eine *erhabene* und *aufrichtige* Frau als auch jemand, der bei Gott *Fürbitten* vortragen« könne. Der türkische Gelehrte wörtlich:

> »Dieses Verständnis finden wir vor allem bei den Besuchern des Hauses der Jungfrau Maria in Ephesus. Viele Muslime gehen, wenn sie große Sorgen haben, z. B. wegen unheilbarer Krankheiten, wegen Arbeitslosigkeit und Ehelosigkeit, zum Hause der Jungfrau Maria. Sie tragen ihre Sorgen und Wünsche der Jungfrau Maria vor und erwarten von ihr Fürbitte bei Gott. Aus ihrer Sicht wird der große Schöpfer einer solchen von ihm geliebten Gläubigen keine Bitte abschlagen, und deshalb werden an solchen Orten die Gebete erfüllt, wenn sie in unerschütterlichem Glauben und aufrichtig gebetet werden.«[62]

Wenig, viel zu wenig, ist Christen insbesondere in Europa bewusst, wie sehr sie eine Verehrung Marias mit Muslimen teilen – in den bereits skizzierten theologischen Grenzen. Ein beeindruckendes Zeugnis gibt *Dr. Reinhold*

Kühn, Leiter des Katholischen Bildungswerks in Sigmaringen/Donau. Er besucht diesen Maria-Ort im Juni 2000 und berichtet gerade auch von der Frömmigkeit von Muslimen, die man an diesem Ort sehen kann. Zusammen mit dem türkischen muslimischen Reiseleiter seiner Gruppe hatte er diesen Ort aufgesucht. Ich zitiere aus seinem mir vorliegenden Reise-Bericht:

»Die Straße, die sich in vielen Haarnadelkurven steil den Berg hinauf windet, bietet einen eindrucksvollen Ausblick über das Land. Seit der Zeit der Kreuzigung Jesu hat sich hier fast nichts verändert, sieht man einmal von ein paar asphaltierten Straßen und den Busladungen von Touristen ab. Schaf- und Ziegenhirten wandern wie eh und je mit ihren Herden über die Berge, die terrassenförmig angelegten grau-grünen Olivenbäume tragen Frucht seit Menschen Gedenken, und die Kleidung der Männer und Frauen auf den Feldern ist derb und einfach, wie sie es schon immer war. Es ist, als führen wir in eine biblische Szene hinein, die so bleiben würde bis zum Ende der Zeiten.

Inzwischen nähern wir uns nach einem längeren Schweigen dem Berg Marias. Auf der Höhe angekommen, verlassen wir den Bus und gehen den Rest des Weges bis zur Kapelle zu Fuß. Das Restaurant, die Andenkenläden für die Touristen stören ein wenig die Stille und Weite der Landschaft. Doch bald haben wir den Lärm der Touristen hinter uns gelassen und stehen ganz unvorbereitet vor einer Gruppe, die unter freiem Himmel einen Gottesdienst feiert. Sie haben einen Altar errichtet, und an die hundert Menschen knien auf der Erde, darunter dunkelhäutige Türken aus dem Osten, Frauen in grobgewebten schwarzen Gewändern und Pilger aus Istanbul und Europa. Der Ort ist von tiefem Frieden und innerer Stille erfüllt, und es verlangt mich danach, mit anderen niederzuknien. ›Komm‹, sagt unser Reiseführer Sedat, ›erst gehen wir zu Maria!‹

Die steinerne Kapelle ist sehr klein und von alten knorrigen Bäumen umstanden. Drinnen ist es kühl und dämmrig. Die vielen brennenden Kerzen spenden ein heimeliges Licht. Jede Kerze ist ein kleines Liebesopfer, das die Sehnsucht und Hoffnung der Gläubigen widerspiegelt. Am Eingang kaufen auch wir ein paar Kerzen, zünden sie an und stellen sie sorgsam in den Nischen auf, die in die Wände eingelassen sind.

Sedat steht tief geneigt vor dem Altar und betet. Er betet in solcher Inbrunst, ist so im Gebet versunken, dass er um sich herum nichts mehr wahrnimmt. Eine so tiefe Frömmigkeit habe ich bisher nur einmal erlebt in der orthodoxen Kirchen von Kostroma – jenseits der Wolga –, wo Frauen in Schmerz und Versenkung vor der Ikone der Gottesmutter beteten.

Als wir aus der Kapelle kommen, erstreckt sich vor uns eine lange steinerne Mauer. Unzählige kleine Stoffstreifen erinnern ein wenig an die Westmauer in Jerusalem – manchmal irrtümlich als Klagemauer bezeichnet –, wo fromme Juden sich versammeln und ihre Wünsche in die Mauerritzen stecken, damit ein Engel komme und sie vor Gottes Angesicht trage.«[63]

Benedikt XVI. 2006 am Haus Marias

Auch Papst Benedikt XVI. lässt es sich nicht nehmen, anlässlich seiner Reise in die Türkei im November 2006 nach Ephesus zu kommen und am 29. November 2006 am »Maria Mutter Haus« einen Gottesdienst zu feiern. In seiner Predigt erinnert der Papst zunächst an die Reisen seiner Vorgänger im Amt, dann aber auch an die Tatsache, dass der spätere Papst Johannes XXIII., Angelo Roncalli, von Januar 1935 bis Dezember 1944 päpstlicher Nuntius in der Türkei gewesen sei. Benedikt XVI. wörtlich:

»Er [Angelo Roncalli] hegte große Wertschätzung und Bewunderung für das türkische Volk. Diesbezüglich möchte ich ein Wort zitieren, das in seinem *Geistlichen Tagebuch* zu lesen ist: ›Ich liebe die Türken, ich schätze die natürlichen Eigenschaften dieses Volkes, das auch seinen Platz bereitet hat auf dem Weg der Zivilisation‹ (Nr. 741). Außerdem hat er der Kirche und der Welt die geistliche Haltung eines christlichen Optimismus als Geschenk hinterlassen, die auf einen tiefen Glauben und eine ständige Verbundenheit mit Gott gegründet war. Beseelt von diesem Geist wende ich mich an diese Nation und in besonderer Weise an die mitten in ihr lebende ›kleine Herde‹ Christi, um sie zu ermutigen und ihr die Liebe der ganzen Kirche zum Ausdruck zu bringen.«[64]

Auch Benedikt XVI. weiß, dass Maria – so wörtlich – »von den Muslimen geliebt und verehrt wird«, gerade auch an diesem Ort bei Ephesus. Von daher kann er am Ende seiner Predigt einen eindrücklichen Friedensappell formulieren:

»Christus ›kam und verkündete den Frieden‹ (Eph 2,17) nicht nur zwischen Juden und Nichtjuden, sondern zwischen allen Völkern, weil alle von demselben Gott, dem einen Schöpfer und Herrn des Universums, herkommen. Gestärkt durch das Wort Gottes, erheben wir von hier, von Ephesus aus, der Stadt, die durch die Gegenwart Marias – die, wie wir wissen, auch von den Muslimen geliebt und verehrt wird – gesegnet ist, *ein besonderes Gebet zum Herrn für den Frieden unter den Völkern.* Von diesem Landstrich der anatolischen Halbinsel aus, einer natürlichen Brücke zwischen den Kontinenten, bitten wir um Frieden und Versöhnung besonders für jene, die in dem Land wohnen, das wir das ›Heilige‹ Land nennen und das sowohl von den Christen als auch von den Juden und den Muslimen als solches angesehen wird: Es ist das Land Abrahams, Isaaks und Jakobs, das dazu bestimmt ist, ein Volk aufzunehmen, durch das alle Völker Segen erlangen sollten (vgl. Gen 12,1-3). Frieden für die ganze Menschheit! Möge sich bald die Verheißung des Jesaja erfüllen: ›Dann schmieden sie Pflugscharen aus ihren Schwertern/und Winzermesser aus ihren Lanzen. Man zieht nicht mehr das Schwert, Volk gegen Volk,/und übt nicht mehr für den Krieg‹ (Jes 2,4). Wir brauchen alle diesen universalen Frieden; die Kirche ist dazu berufen, nicht nur prophetische Verkünderin, sondern mehr noch ›Zeichen und Werkzeug‹ dieses Friedens zu sein.«

Vierter Teil

Die Geburt Jesu im Koran

»Da bliesen wir in sie [Maria] von unserem Geist und machten
sie und ihren Sohn zu einem Zeichen für alle Welt.«
SURE 21,91

»Als Jesus geboren wurde, kamen die Teufel zu Satan und sagten: ›Heute haben die Götzen alle ihre Köpfe gesenkt.‹ Satan
sagte: ›Etwas ist auf eurer Welt geschehen.‹ Satan flog kreuz und
quer über die Welt, fand aber nichts. Schließlich fand er das
Kind Jesus, das von Engeln umgeben war. Er kehrte zu den
Teufeln zurück und sagte: ›Gestern wurde ein Prophet geboren.
Keine Frau außer dieser hat je ein Kind empfangen und geboren, ohne dass ich anwesend gewesen wäre. Gebt deshalb nach
dieser Nacht die Hoffnung auf Götzenverehrung auf. Führt
von nun an die Menschen dadurch in Versuchung, dass ihr euch
ihre Voreiligkeit und Oberflächlichkeit zunutze macht.‹«
ABU HAMID AL-GHAZALI (gest. 1111)[65]

Im Spiegel der Maria-Texte zeichnet sich indirekt bereits auch das Profil Jesu ab. Wir wollen es nun durch die direkten Aussagen schärfen. Dafür müssen wir noch einmal zu Sure 19 zurückkehren, liegt doch hier auch für Jesus der erste größere Text im Koran überhaupt vor.

1. DIE ERSTEN AUSSAGEN ÜBER JESUS IM KORAN: SURE 19

Wir haben uns Struktur, Stil und Grundaussage dieser Sure vor Augen geführt: die Vorgeschichte zur Geburt Jesu rund um Johannes, Sohn des Zacharias; die Erscheinung des Geistes Gottes vor Maria und der Dialog mit Maria; die Rückzugsbewegungen Marias, die so ganz die Empfangende für Gott wird.

Die wundersame Geburt Jesu

Wir haben die Verkündigung an Maria, wie sie in Sure 19,16-21 erfolgt war, bereits zu verstehen gesucht, haben nachvollzogen: Nach dem Rückzug Marias an einen »fernen Ort« (Sure 19,22) drängen die einsetzenden Wehen die hochschwangere Frau zum Stamm einer Palme. Maria hat Todesangst, möchte am liebsten »vergessen« sein. Sie erleidet das, was alle erleiden, die sich von Gott erwählt wissen: Ängste und Nöte. Die eigene Schwäche und Zerbrechlichkeit scheint für einen göttlichen Auftrag ungeeignet. Schon aber war ein Wort der Stärkung erfolgt: »Da rief er ihr von unten zu« (Sure 19,24).

Wir setzen nun ein mit der Frage: Wer spricht hier? Nach wie vor der Engel, der bisher mit Maria kommuniziert hatte? Oder schon das neugeborene oder gar ungeborene Jesus-Kind? *Hartmut Bobzin* (auf der Linie der Rückertschen Übersetzung) lässt die Entscheidung offen, wenn er übersetzt: »Da rief *es* ihr von unterhalb der Palme zu« (Rückert: »Da *riefs* ihr zu von unten her«). *Rudi Paret* dagegen will entschieden an dieser Stelle als Subjekt das neugeborene oder noch im Mutterleib befindliche Jesuskind eintragen. Sollte also tatsächlich Jesus hier gemeint sein (was mir im Blick auch auf das Folgende: Sure 19,30 plausibel zu sein scheint), so hätten wir es hier mit dem ersten Wort zu tun, das der Koran Jesus überhaupt in den Mund legt:

24 Da rief er ihr von unten zu:
>»Sei nicht traurig! Dein Herr hat unter dir fließendes Wasser geschaffen.
25 Schüttle den Stamm der Palme zu dir hin, dann lässt sie frische, reife Datteln auf dich fallen.
26 So iss, trink und freu dich! Wenn du jemanden von den Menschen siehst, dann sag:
>Ich habe dem Allerbarmenden ein Fasten gelobt. Da werde ich heute mit keinem Menschen reden.‹«
27 Da kam sie mit ihm auf den Armen **zu ihrem Volk**. Sie sagten:
>»Maria, du hast eine unerhörte Sache begangen.
28 Schwester Aarons, dein Vater war kein schlechter Mann und deine Mutter keine Hure.«
29 Da zeigte sie auf ihn.« (Sure 19,24-29)

Vergleicht man diesen koranischen Text mit den neutestamentlichen Überlieferungen, ergibt sich eine erste auffällige Übereinstimmung:

Wie das Neue Testament so verbindet auch der Koran mit der Geburt Jesu eine menschliche Möglichkeiten überbietende wundersame Tat der Rettung. So wie Jesus im Neuen Testament dem Tod durch Gewalt entkommt (Herodesmord), so entkommt Maria im Koran dem Tod durch Verdursten.

Bemerkenswert ferner: Beschränkt sich im Neuen Testament die Ausgestaltung des Wunderhaften vor allem auf Engelserscheinungen, kennt der Koran über all das hinaus wundersame Reden des Neugeborenen. Der Koran hat offensichtlich nicht die geringsten Schwierigkeiten, dem noch ungeborenen oder gerade geborenen Jesuskind Trostworte an seine Mutter und prophetische Selbstaussagen in den Mund zu legen. Warum nicht? Antwort:

Wie die Geburtsgeschichte des Johannes benutzt der Koran auch die Geburtsgeschichte Jesu dazu, den ihm wichtigsten theologischen Grundgedanken einmal mehr kraftvoll zu illustrieren: Gott hat Macht über das unmöglich Scheinende. Gott ist frei in seinem Handeln und durchbricht alle irdischen Begrenzungen und alles menschliche Kalkül. Alte, unfruchtbare Frauen werden wieder fruchtbar; junge Frauen werden ohne Zutun eines Mannes schwanger; im toten, leeren Raum einer Wüste schafft Gott neues Leben; ein neugeborenes Kind spricht kraftvoll und selbstbewusst wie ein erwachsener Mensch.

Jesus als »Diener Gottes«

Wir verfolgen Sure 19 noch weiter, denn die Figur Jesu enthält im Folgenden noch schärferes Profil:

30 Er sagte:
   »Ich bin Gottes Diener. Er hat mir die Schrift gegeben und mich zum Propheten gemacht,
31 lässt mich gesegnet sein, wo immer ich bin. Er hat mir das Gebet und die Abgabe anbefohlen, solange ich lebe,
32 ehrerbietig gegen meine Mutter. Er hat mich nicht zum unseligen Gewalttäter gemacht.
33 Friede über mich am Tag, da ich geboren wurde, am Tag, da ich sterbe, und am Tag, da ich zum Leben erweckt werde.«
34 Das ist Jesus, der Sohn Marias.
   Das Wort der Wahrheit, an dem sie zweifeln!
35 Es kommt Gott nicht zu, dass er sich ein Kind nimmt.
   Gepriesen sei er!
   Wenn er eine Sache beschließt, sagt er zu ihr nur:
   »Sei!«,
   und da ist sie.
36 »Gott ist mein und euer Herr. So dient ihm! Das ist ein gerader Weg.«
37 Da sind die Parteien untereinander uneins geworden.
   Weh denen, die ungläubig sind, denn sie erleben einen mächtigen Tag!
38 Wie sie hören und schauen am Tag, da sie zu uns kommen! Aber die Unrecht tun, sind heute in deutlicher Verirrung. (Sure 19,30-38)

Sure 19 macht bereits drei unterschiedliche Aussage-Reihen im Zusammenhang mit Jesus, denen wir im Koran dann immer wieder begegnen werden:

– In einer ersten Reihe legt der Koran Jesus Aussagen über sich selber in den Mund (Sure 19,30-33).
– In einer zweiten Reihe macht der Koran selber autoritative Aussagen über Jesus (Sure 19,34-36).
– In einer dritten Reihe macht der Koran Aussagen über Christen und christliche Gruppen (Sure 19,37 f.).

Halten wir die Schlüsselaussagen der *ersten Aussagereihe* fest:

(1) Die erste Selbstbezeichnung Jesu lautet: »Knecht« oder »Diener« Gottes. Eine programmatische Aussage, und zwar in beiden Komponenten, programmatisch aber nur für den, der sofort die Aussage mitliest, *gegen* die sie gesprochen ist: Gott habe sich »irgendein Kind« zugelegt, neben Gott gäbe es somit einen »Sohn« oder eine »Tochter« Gottes, ein göttliches oder halbgöttliches Wesen. Der Koran beansprucht von Anfang an *Jesus selber* dafür, jede Art Vergöttlichung anderer Wesen neben Gott zu dementieren: »Ich bin Gottes *Diener*«. Gleichzeitig lässt der Koran keinen Zweifel, dass Jesu Bedeutung nur von Gott her verstanden werden kann: »Ich bin *Gottes* Diener«.

(2) Gott hat Jesus eine *Offenbarungsschrift* ausgehändigt und ihn auf diese Weise zu einem besonderen Propheten (*arab.:* nabî) gemacht. Nur vier Personen sind mit diesem Privileg ausgestattet: Mose hat die Tora bekommen, David den Psalter, Mohammed den Koran und Jesus das Evangelium. An anderen Stellen des Koran wird die Besonderheit Jesu auch begrifflich unterschieden dadurch, dass er nicht Prophet, sondern »Gesandter« Gottes (*arab.:* rasûl) genannt wird (Suren 4,157.171; 5,75).

(3) Gott lässt Jesus »gesegnet« sein – eine Aussage, die in derselben Sure 19 bereits durch die Wendung vorbereitet war, Jesus sei »Zeichen« für die »Barmherzigkeit Gottes« gegenüber den Menschen (Sure 19,21). Dies wird hier präzisiert. *Jesus ist eine Gabe des Segens Gottes* überall. Sein Erscheinen, wo auch immer, ist ein heilvolles, segensreiches Ereignis.

(4) Gott hat Jesus Anweisungen bezüglich des »*Gebets*« und der »*Almosensteuer*« gegeben. Bekanntlich gehören Gebet und Almosensteuer zu zwei der fünf »Säulen« des Islam. Von Anfang an unterscheidet sich der an die Botschaft des Koran Glaubende von seiner Umgebung dadurch, dass er das regelmäßige Gebet und die Abgabe für die Armen praktiziert. Indem der Koran schon Jesus das Gebet und die Armenabgabe praktizieren lässt, macht er ihn faktisch zu einem exemplarischen Gottergebenen vor dem Islam.

(5) Gott hat Jesus aufgefordert, *gegenüber seiner Mutter »ehrerbietig«* zu sein und so Maria in besonderer Weise zu ehren. Schon Johannes war ja in derselben Sure bescheinigt worden, »gottesfürchtig und ehrerbietig gegen seine Eltern« und kein »widersätzlicher Gewaltherrscher« zu sein (Sure 19,13 f.). Dies wird nun auch Jesus zugeschrieben: kein *»unseliger Gewalttäter«.* Die Wendung von Sure 19,32-33 (»Er hat mich nicht zum unseligen Gewalttäter gemacht. Friede über mich«) wecken für Christen Erinnerungen an den Lobgesang Marias (»Magnificat«) und das Engelslob vor den Hirten im Lukasevangelium (Lk 1,46-55; 2,14). Schon dort war Jesus das Kontrastbild zu den »Mächtigen« und »Reichen«. Schon dort verkörperte er den irdischen »Frieden« Gottes. Der um den christlich-islamischen Dialog verdiente persische Gelehrte *Mehdi Bazargan* hat in seinem seit 2006 auf Deutsch vorliegenden wichtigen Buch »Der Koran und die Christen« diese Stelle so kommentiert: »Der Ausspruch Jesu in 19,32 (»Er hat mich nicht zum unseligen Gewalttäter gemacht«) fasst seine Botschaft mit einer ausdrücklichen Distanzierung von Tyrannen und Gewalttätern zusammen. Dieser Satz ist mit Blick auf jene Zeit sehr aussagekräftig und bedeutungsvoll. Die göttlichen Religionen grenzten sich scharf von der Tyrannei und Unterdrückung des Römischen Imperiums und der Tatsache ab, dass die üblichen Methoden der damaligen Herrschaftsformen und Systeme nichts anderes als Aggression und Unterdrückung waren. Daher wirkt es beinahe so, als ob die eigentliche Botschaft Jesu Christi und anderer Propheten in der Aussage bestehe, nicht tyrannisch gegen die Menschen vorzugehen. Es scheint außerdem, dass diese Forderung ein Bedürfnis der zivilisierten Gesellschaft und insbesondere der Gottesanbeter darstellt«.[66] Wir erkennen hier ein Grundmsuter:

> *So wie Noach, Abraham und Mose Einzelkämpfer waren, die von ihrer Umgebung abgelehnt worden waren und ohne äußere Macht (der Waffen und der Gefolgschaft) auftraten, so auch Jesus in seiner und der Prophet Mohammed in mekkanischer Zeit. Ursprünglich ist seine Stärke die des Glaubens, nicht die der Waffen, des Geldes, der Gefolgschaft. Die Dialektik von Stärke und Schwäche ist ein durchlaufender Zug der prophetischen Sukzessionsreihe im Koran.*

Achten wir aber auch auf die *Segensformel* in Sure 19,33: »Friede über mich …« Sie ist in doppelter Hinsicht bemerkenswert. Zum einen unterscheidet sie sich von einer ähnlichen Segensformel in der Johannes-Sure nur wenige Verse vorher. Über Johannes hatte Gott die Formel gesprochen: »Frieden über ihn am Tag, da er geboren wurde, am Tag, da er stirbt, und am Tag, da er zum Leben erweckt wird!« (Sure 19,15). Im Fall von Jesus lässt Gott diesen selber sprechen: »Friede über mich am Tag, da ich geboren wurde, am Tag, da ich sterbe, am Tag, da ich zum Leben erweckt werde.« (Sure 19,33). In der muslimischen Auslegung ist der Unterschied früh bemerkt, aber nicht gegeneinander ausgespielt worden. Ich habe das entsprechende Wort von Ibn Hanbal nicht zufällig als Motto Kapitel III zugegeben. Ein erneuter Hinweis darauf, dass der Koran beide Figuren, Johannes und Jesus, parallel sieht.

Zum andern ist bemerkenswert, dass der Koran an dieser Stelle Jesus selber wie selbstverständlich die schöpfungstheologische Trias von Geburt, Sterben und Auferweckung wiederholen lässt. Wir registrieren vor allem, dass der Koran Jesus hier eine Aussage über seinen eigenen Tod in den Mund legt. Wie wenig selbstverständlich das ist, macht ein Fingerzeig auf Sure 4,157 deutlich, wo ein Tod Jesu am Kreuz vom Koran ausdrücklich bestritten wird.[67] Doch wir bleiben auf die Auslegung von Sure 19 konzentriert.

Kein Sohn neben Gott

Die *zweite Aussagereihe* in Sure 19,34-36 muss von der vorausgegangenen Selbstvorstellung Jesu her gelesen werden. Sie stellt eine göttlich-autoritative Klarstellung gegenüber dem Glauben von Christen dar, wie der Koran ihn zurzeit seiner Herabkunft wahrnimmt. Wenn in Sure 19,34 eigens betont wird: »Das ist Jesus, der Sohn Marias« (»Îsâ ibn Maryam«), dann ist dies auf der einen Seite eine Bekräftigung dessen, was an Aussagen über Jesus soeben erfolgte, gleichzeitig aber auch eine Abgrenzung von denjenigen, die aus Jesus mehr gemacht haben: mehr als einen Diener, einen Gesandten, einen Segensträger, einen Friedensstifter Gottes. Autoritativ wird dagegen konstatiert: »Es kommt Gott nicht zu, dass er sich ein Kind nimmt.« (Sure 19,35)
Eine deutliche Anspielung auf ein zentrales Bekenntnis von Christen, wie Mohammed es zu seiner Zeit, also zu Beginn des 7. Jahrhunderts, erlebt haben mag. Der Berliner Islamwissenschaftlerin *Angelika Neuwirth*, Leiterin des Forschungsprojektes »Corpus Coranicum« der Berlin-Brandenburgischen Akademie der Wissenschaften, dürfte zuzustimmen sein, wenn sie sagt: »Im Koran wird Christus als ›Îsâ ibn Maryam‹, Jesus, ›Sohn

Marias‹, bezeichnet. Da andere Propheten ohne Herkunftsangabe begegnen, hätte auch Jesus eine solche Referenz nicht nötig. Offenbar liegt hier eine für die Hörer erkennbare Tilgung und Ersetzung des christlichen Titels ›Jesus, Sohn Gottes‹, vor, eines Titels, der nicht nur mit dem neuen, strikten Monotheismus unvereinbar erschien, sondern auch eine eindeutige konfessionelle Zuordnung herstellte. Ohne diesen Titel – der für die Hörer signalhaft erkennbar eliminiert und neu formuliert ist – kann Jesus komplikationslos in die Reihe der für die universalistisch orientierte Gemeinde gleichrangigen biblischen Propheten eintreten.«[68]

Gleichwohl wollen wir registrieren, dass der Koran an dieser und an anderen Stellen nicht das Wort »Sohn« (*arab.:* ibnun) verwendet, sondern das allgemein klingende Wort »Kind« (*arab.:* waladun). Das lässt darauf schließen, dass der Koran offensichtlich primitive Vorstellungen von einer Gottessohnschaft ablehnt, Vorstellungen mythologischer Art von einer sexuellen Beziehung zwischen Gott und einer Frau. Der Koran setzt ganz offensichtlich ein solch mythologisches Verständnis von »Gottessohnschaft« voraus und damit die Vorstellung von einem polytheistischen Pantheon von Götter-Vätern, -Müttern und -Kindern. Aus der eigenen, vom altorientalischen Polytheismus geprägten Umwelt kennt Mohammed eine Fülle solcher Götter-Söhne und Götter-Töchter. Sie verführen zu götzendienerischen Praktiken. Dem Koran ist das ein Gräuel, ein Gräuel um Gottes Willen! Denn Gott »ein Kind« oder gar Kinder zuzuschreiben, heißt im koranischen Verständnis Gott spalten und so die Einheit Gottes verletzen. Als ob es neben dem einen Gott auch noch einen zweiten »Gott« oder weitere gottähnliche Wesen geben könnte! »Beigesellung« (*arab.:* širk) ist hier das Schlüsselwort, und andere Wesen Gott »beizugesellen«, ist für den Koran eine unverzeihliche Sünde (vgl. Suren 4,48.116; 112,1-4).

Ist dies aber das ursprüngliche christliche Verständnis von Gottessohnschaft, wie es uns im Neuen Testament entgegentritt? Verstehen die Evangelisten oder der Apostel Paulus die Gottessohnschaft Jesu im Sinne einer göttlichen Zeugung mit einer Menschenfrau? Haben sie nicht – vor jüdischem Hintergrund – den Kampf der alttestamentlichen Propheten gegen eine allzu biologische Auffassung von Gottes Wesen und Wirken vor Augen? War nicht im Kampf mit dem stierförmigen Baal die geistig-geistige Wesensart Gottes immer klarer hervorgetreten? War nicht – wie wir sahen – in Lk 1,35 die Aussage von der Geistschöpfung etwas völlig anderes als ein krudes mythologisch-sexuelles Verständnis von gott-menschlicher Zeugung? Bekämpft der Koran folglich mit der Formel »Es kommt Gott nicht zu, dass er sich ein Kind nimmt« nicht zu Recht ein solch mythologisch-sexuelles Verständnis von Gottessohnschaft, dem Christen nur beipflichten können? Der katholische Theologe *Claus Schedl* jedenfalls hat in seinem noch heute lesenswerten Buch über die »Christologisch relevanten Texte des Koran«, bereits 1978 darauf verwiesen: »In der Art, wie Mohammed die Gottessohnschaft Îsâ's ablehnt, lehnen sie auch die Christen ab. Die Empfängnis Jesu im Schoße seiner Mutter Maria bedurfte keines menschlichen Zeugungsaktes. Das schöpferische Wort ›Es werde‹ genügte vollauf!«[69] Das hat zur Konsequenz:

Im Gespräch mit dem Koran werden Christen noch einmal neu über das ursprünglich neutestamentliche Verständnis von Gottessohnschaft Jesu zu sprechen haben. Zusammen mit dem Koran können Christen sich distanzieren von einem Monophysitismus, der in Jesus Christus die menschliche Natur fast ganz ausgeschaltet und ihn völlig in das Licht der Gottheit gestellt hat. Mit dem Koran können Christen die volle Menschheit Jesu bejahen und zugleich in ihm ein Zeichen Gottes erkennen.

Mit *Claus Schedl* bin ich der Auffassung: »In unserer ökumenischen Zeit wird man Muhammad nicht von vornherein zum böswilligen Ketzer stempeln dürfen. Inmitten der gespaltenen orientalischen Christenheit hat er ein echtes Anliegen der Christologie verfochten«.[70] Eine Linie, die später auch der Ökumeniker *Hans Küng* in seinem Dialog mit dem Islam verfolgt hat. Auch Küng erkennt im Koran »eine prophetisch-theozentrisch akzentuierte Christologie. Jesus weist von sich weg auf den einen Gott«[71], nur um aus diesem Befund, der dem Selbstverständnis Jesu als Jude entspricht, für den Dialog heute zu folgern: »Wie auch immer dies [Gottessohnschaft] später von hellenistischen Konzilien mit hellenistischen Begriffen definiert wurde: Im Neuen Testament ist ohne Frage nicht eine Abkunft, sondern die Einsetzung in einer Rechts- und Machtstellung im hebräisch-alttestamentlichen Sinne gemeint. Nicht eine physische Gottessohnschaft, wie in den griechischen Mythen und wie von Juden und Muslimen bis heute unterstellt und zu Recht verworfen, sondern eine Erwählung und Bevollmächtigung Jesu durch Gott, ganz im Sinn der Hebräischen Bibel, in der bisweilen auch das Volk Israel kollektiv ›Sohn Gottes‹ genannt werden kann. Gegen ein solches Verständnis von Gottessohnschaft war vom jüdischen Ein-Gott-Glauben her kaum Grundsätzliches einzuwenden; sonst hätte es die jüdische Urgemeinde gewiss auch nicht vertreten. Würde die Gottessohnschaft auch heute wieder in ihrem ursprünglichen Verständnis betont, dann bräuchte wohl heute auch vom islamischen Monotheismus her wenig Grundsätzliches eingewendet zu werden.«[72]

Angesichts dieser Abwehr von christlichem Monophysitismus einerseits und heidnischem Mythologismus andererseits wird die schneidend-autoritative Aussage des Koran besser verständlich, von der wir in Sure 19,35 gehört haben und die sich künftig wie ein Refrain durch alle koranischen Jesus-Texte ziehen wird: »Es kommt Gott nicht zu, dass er sich ein Kind nimmt«. Bekräftigt durch ein weiteres Wort, das der Koran dem anfügt: »Gott ist mein und euer Herr. So dient ihm! Das ist ein gerader Weg« (Sure 19,36). Der Selbstaussage Jesu, er sei der »Diener Gottes«, entspricht somit der Sache nach die Aussage, dass Gott allein »Herr« ist. Wir haben hier zum ersten Mal – so noch einmal *Mehdi Bazargan* – »eine Ablehnung der Behauptung vor uns, Gott habe sich einen Sohn zugesellt. Diese Ablehnung gründet auf dem Argument, dass ein Schöpfer, der jeden Wunsch, etwas entstehen zu lassen, durch seinen bloßen Willen verwirklicht, kein Bedürfnis nach einem Sohn oder Helfer haben könne«.[73] Dem Koran ist diese Aussage in der Tat so wichtig, dass Sure 19 sie am Ende noch einmal stark macht und mit einem mächtigen Bildwort kraftvoll unterstreicht:

88 Sie sagen:
    »Der Allerbarmende hat sich ein Kind genommen.«
89   Ihr habt eine ungeheuerliche Sache begangen.
90 Fast zerbrechen davon die Himmel, spaltet sich die Erde und fallen die Berge in Trümmer,
91 dass sie dem Allerbarmenden ein Kind zusprechen. (Sure 19,88-91)

Gott also ein Kind zusprechen käme derjenigen Ungeheuerlichkeit gleich, die man beim (möglichen) Zerbrechen des Himmels, der Spaltung der Erde und dem Zusammenfall von Bergen erfahren würde. Eine in ihrer Zumutung für den Schöpfergott geradezu weltvernichtende Aussage!

Achten wir noch auf die Wendung »sie sagen« in Sure 19,88. Hier kommt die *dritte Aussagereihe* des Koran in den Blick, von der wir gesprochen haben: Aussagen über Christen oder christliche Gruppen. Sie werden angegriffen nicht nur, weil sie einem Gottessohn-Glauben anhängen, der der Einheit Gottes widerspricht, sondern auch, weil sie »untereinander uneins« geworden sind, wie wir in Sure 19,37 gehört haben. Der Koran hat offensichtlich Gruppen von Christen vor Augen, die in Glaubensfragen zerstritten sind. Der Koran setzt diese Gespaltenheit voraus und setzt ihr ein geschlossenes, konsistentes und nach seinem Verständnis »vollkommenes« und definitives Verständnis von Christologie entgegen.

2. DIE AUSSAGEN ÜBER JESUS IN MEDINA: SURE 3

Nach den Grundaussagen über Jesus in Sure 19 ist für den Koran von Anfang an klar, dass Jesus in die Reihe der großen Propheten gehört, die Gott zu den Menschen gesandt hat. Das erklärt, warum die nach Sure 19 folgenden (relativ wenigen) Aussagen über Jesus meist serielle Form haben und haben können. Das gilt für Sure 42 ebenso wie für Sure 6, jeweils aus der dritten Periode von Mekka:

> 84 Wir schenkten ihm Isaak und Jakob
> Jeden führten wir.
> Schon vorher führten wir Noach, von dessen Nachkommen David, Salomo, Ijob, Josef, Mose und Aaron –
> So vergelten wir denen, die das Gute tun,
> 85 Zacharias, Johannes, Jesus und Elija –
> Jeder gehört zu den Rechtschaffenen.
> (Sure 6,84 f.; vgl. Sure 42,13)

Warum eine zweite Verkündigungsszene?

Dasselbe gilt für Sure 3. Wir hörten, dass schon Johannes und Maria hier als Angehörige des *jüdischen Volkes* Signale für die »Kinder Israels« sein sollten. Das gilt in noch verstärkterem Maße für Jesus. Im unmittelbaren Anschluss an die Verkündigung der Engel an Maria (Sure 3,42-44) heißt es in Sure 3 über Jesus:

> 45 Als die Engel sagten:
> »Maria, Gott verkündet dir von sich ein Wort, dessen Name ist: Christus Jesus, der Sohn Marias. Geehrt ist er im Diesseits und im Jenseitig-Letzten und gehört zu denen, die (Gott) nahe gebracht sind.
> 46 Er spricht zu den Menschen in der Wiege und als Erwachsener und gehört zu den Rechtschaffenen [...]
> 48 Er lehrte ihn die Schrift, die Weisheit, die Tora und das Evangelium.
> 49 Ein Gesandter für die Kinder Israels!« (Sure 3,45-46.48 f.)

Wir horchen auf bei zwei Schlüsselaussagen: Der Koran nennt Jesus in Sure 3,45 »Christus« und »Wort Gottes«. Bekanntlich verbinden Christen mit beiden Grundworten ein Bekenntnis über Jesu zentrale Stellung in der Heils- und Offenbarungsgeschichte: sowohl gegenüber Juden (»Christus« ist bekanntlich die griechische Übersetzung des Wortes »Messias«) als auch gegenüber Griechen (»Logos«). Dass das »Wort Gottes« in einmaliger Weise in Jesus »Fleisch« wurde (Joh 1,14), ist eine der bedeutendsten christlichen Bekenntnisaussagen. Ist das auch hier in Sure 3,45 gemeint? Kaum. Jesu Stellung im Koran ist nun einmal nicht »zentral«. Zentral für den Koran ist – der Koran, und zwar als definitive Mitteilung von Gottes Wort. »Christus« Jesus, wird denn auch in Sure 3,45 ausdrücklich als »Name« von Jesus bezeichnet, der auch hier wieder – pointiert – »Sohn Marias« genannt wird. »Christus« ist also hier nicht als »Hoheitstitel« gemeint (wie im Neuen Testament), sondern als Eigenname.

Das sollte man zwar feststellen, aber nicht klein machen und herunterspielen. Denn hier liegt durchaus ein wichtiges theologisches Signal an die jüdische Gemeinschaft vor. Jesus wird nur wenige Zeilen später in Sure 3,49 als »ein Gesandter für die Kinder Israels« bezeichnet. Unterstrichen wird das auch dadurch, dass Gott diesem Jesus umfassende Schriftkenntnis vermittelt hat: Tora und Evangelium (Sure 3,48). Jesus hat also nach Sure 3 zwar keine zentrale, wohl aber eine *herausragende Stellung*: im Diesseits *und* im Jenseits. Im *Diesseits* schon dadurch, dass er als Kleinkind bereits sprechen kann (Sure 3,46 nimmt fast wörtlich Sure 19,29 auf) und als Erwachsener zu den »Rechtschaffenen« gehört, im Koran ein Ehrentitel für diejenigen, die Gottes Wort rein befolgen. Im *Jenseits* dadurch, dass Jesus Gott »nahegebracht« ist, was Paret und Bobzin besser übersetzen mit »Gott nahesteht«. Mit Martin Bauschke wird man deshalb sagen müssen: »Christologische Hoheitstitel im Koran dürfen nicht christianisierend interpretiert werden, wie wir bereits bei der ›Messias‹-Prädikation sahen. Stets ist der konsequente theozentrische Sinn dieser Titel im Auge zu behalten.«[74]

Was heißt: Jesus ist »Wort Gottes«?

Ähnliches gilt für die Aussage in Sure 3,45 von Jesus als »Wort Gottes«. Was ist damit gemeint? Der Koran illustriert dies durch das in Sure 3,49 präsentierte sogenannte Vogel-Wunder:

Ein Gesandter für die Kinder Israels!
»Ich habe euch ein Zeichen von eurem Herrn gebracht: Ich schaffe euch aus Ton etwas in der Gestalt eines Vogels, da blase ich darauf und es ist ein Vogel – mit Gottes Erlaubnis –, ich heile den Blinden und den Aussätzigen, schenke den Toten Leben – mit Gottes Erlaubnis – und tue euch kund, was ihr esst und in euren Häusern speichert –
Darin ist für euch ein Zeichen, falls ihr glaubt.« (Sure 3,49)

Zum besseren Verständnis ziehen wir noch einmal eine Parallele in der christlichen Tradition heran. Wir finden sie zwar nicht im Neuen Testament, wohl aber in der außerkanonischen Kindheitsliteratur:

»Als dieser Knabe Jesus fünf Jahre alt geworden war, spielte er an einer Furt eines Baches […] Als nun ein Jude sah, was Jesus am Sabbat beim Spielen tat, ging er sogleich weg und meldete dessen Vater Joseph: ›Siehe, dein Knabe ist am Bach, er hat Lehm genommen, zwölf Vögel gebildet und hat den Sabbat entweiht.‹

Als nun Joseph an den Ort gekommen war und (es) gesehen hatte, da herrschte er ihn an: ›Weshalb tust du am Sabbat, was man nicht tun darf?‹

Jesus aber klatschte in die Hände und schrie den Sperlingen zu: ›Fort mit euch!‹ Die Sperlinge öffneten ihre Flügel und flogen mit Geschrei davon.

Als aber die Juden das sahen, staunten sie, gingen weg und erzählten ihren Ältesten, was sie Jesus hatten tun sehen.«[75]

Wiederum hilft uns ein genauer Textvergleich, das jeweilige inhaltliche Profil scharf zu bestimmen. Die christliche Geschichte erzählt von einem Konflikt zwischen Jesus und seiner traditionellen jüdischen Umgebung. Sie illustriert mit dieser Geschichte die Souveränität, mit der sich Jesus bereits als Kind wie ein göttlicher Wundertäter über das Sabbat-Tabu hinwegsetzt. Auch der Koran erwähnt das Vogelwunder im Kontext einer Auseinandersetzung mit dem zeitgenössischen Judentum. Jesus aber ist im Koran kein exklusives, wohl aber ein besonderes Zeichen, und zwar durch seine außergewöhnlichen Fähigkeiten: Schon als Neugeborener hatte er gesprochen, als Heranwachsender begeht er weitere Wundertaten. Damit kann schon deshalb nicht Exklusivität im heilgeschichtlichen Sinn gemeint sein, weil die Wunderzeichen, die Jesus laut Koran wirkt, ausdrücklich »mit Gottes Erlaubnis« geschehen. Wir haben es somit auch hier nicht mit einer christologischen, sondern mit einer *theozentrischen Aussage* zu tun: als ein weiteres Zeichen »von eurem Herrn«!

Damit ist die doppelte Pointe der zweiten Verkündigungsszene (Sure 3,45-49) offenkundig:

> *Den »Kindern Israels« wird eine Lektion erteilt – und zwar dadurch, dass Jesus als ein von Gott Gesandter dargestellt wird, der besondere Zeichen wirkt. Angegriffen wird mit dieser Geschichte eine im zeitgenössischen Judentum des Propheten herrschende Ignorierung von »Zeichen«. Sie gilt bereits für alle Propheten Israels vor Jesus. Der Zeichencharakter Jesu wird deshalb starkgemacht, um die Menschen zu sensibilisieren für das »Zeichen« des letzten und definitiven Propheten.*
>
> *Mit »Wort Gottes«, meint der Koran, dass sich in Jesus Gottes allmächtiger Schöpferwille manifestiert. Allein durch das autoritative Wort Gottes ist er ins Dasein getreten, mit Gottes Erlaubnis tritt er mächtig auf. Jesus ist so in genuinem Sinne creatura verbi, Geschöpf des Wortes Gottes. Mit einem Wort: Für das Neue Testament ist Jesus das lebendige und wirkmächtige Wort Gottes in Person. Für den Koran ist Jesus als Person lebendig und wirkmächtig durch Gottes Wort.*
>
> *Die starke Konzentration des Koran auf die Geschichte von der Geburt Jesu entspricht der theozentrisch-schöpfungstheologischen Programmatik des Koran. Wie im Fall des Johannes kann auch im Fall Jesu an der Geburtsgeschichte Gottes Schöpfermacht in besonderer Weise demonstriert werden, halten doch diese Geschichten den Moment fest, in dem Gott aus Nichts neues Sein schafft. Die theozentrische Pointe der koranischen Geburtsüberlieferungen ist in den Sätzen zusammengefasst: »So ist es. Dein Herr sagt: Das fällt mir leicht ... Es ist beschlossene Sache« (Sure 19,21) sowie »So ist Gott. Er erschafft, was er will. Wenn er eine Sache beschließt, dann sagt er zu ihr nur: ›Sei!‹ Und da ist sie« (Sure 3,47).*

Wir sind nun genügend vorbereitet für einen genauen Vergleich.

3. DIE GEBURTSGESCHICHTEN IM VERGLEICH

Im Vergleich der neutestamentlichen und der koranischen Überlieferungen ergeben sich bemerkenswerte Übereinstimmungen, aber auch entscheidende Differenzen. Zunächst zu den Übereinstimmungen. Ich fasse den Befund knapp zusammen:

Was das Neue Testament und den Koran verbindet

Wie das Neue Testament so verbindet auch der Koran mit der Geburt Jesu eine wundersame Tat *Gottes* zugunsten der Menschen. Als bemerkenswert konnten wir feststellen: Beschränkt sich im Neuen Testament die Ausgestaltung des Wunderhaften vor allem auf die Engelserscheinungen vor Zacharias, Maria und den Hirten sowie auf die Führung der Sterndeuter durch eine kosmische Erscheinung, kennt der Koran über all das hinaus wundersame Reden des Neugeborenen. Der Koran hat offensichtlich nicht die geringsten Schwierigkeiten, dem gerade geborenen Jesuskind Trostworte an seine Mutter und prophetische Selbstaussagen in den Mund zu legen. Warum nicht? Weil er wie im Fall des Johannes auch die Geburtsgeschichte Jesu dazu benutzt, den ihm wichtigsten theologischen Grundgedanken kraftvoll zu illustrieren. Eine *erste Übereinstimmung* von Neuem Testament und Koran kann jetzt formuliert werden:

Die neutestamentlichen und koranischen Geburtsgeschichten zeigen Gottes Macht über unmöglich Scheinendes: Gott ist frei in seinem Handeln und durchbricht alle irdischen Begrenzungen und menschlichen Plausibilitäten. Alte, unfruchtbare Frauen werden wieder fruchtbar; junge Frauen werden ohne Zutun eines Mannes schwanger; im toten, leeren Raum einer Wüste schafft Gott neues Leben; ein neugeborenes Kind spricht kraftvoll und selbstbewusst wie ein erwachsener Mensch.

Eine *zweite Übereinstimmung* zwischen Neuem Testament und Koran folgt daraus:

In den neutestamentlichen und koranischen Geburtsgeschichten wer-

den Skepsis, Zweifel und Unglaube des Menschen von Gott her durchbrochen. Gerade die Geburt Jesu unterstreicht, dass Gott die Macht hat, aus Unfruchtbarem Fruchtbares, aus Abgestorbenem Lebendiges, aus Nichts neues Sein zu schaffen. Theozentrik verbindet beide Geburtsgeschichten. Im Neuen Testament ist sie mit dem Satz umschrieben: »Denn für Gott ist nichts unmöglich« (Lk 1,37), im Koran mit dem Satz: »Wenn er eine Sache beschließt, dann sagt er zu ihr nur: ›Sei!‹ Und da ist sie.« (Sure 3,47)

In den neutestamentlichen und koranischen Geburtsüberlieferungen ist Jesus »Geist von Gott« (so auch in Sure 4,171). Es ist Gott selbst, der ihn vom Nichts ins Sein ruft. Dass Jesus ins Leben tritt, verdankt er ausschließlich Gottes Ratschluss, Gottes Tat. Von daher erklären sich auch andere »Titulaturen« für Jesus im Koran: »Diener *Gottes*«, »Prophet *Gottes*«, »Wort *Gottes*«. Alle diese »Titel« drücken denselben Grundgedanken aus: Jesus ist ein von seiner Empfängnis an von Gott Ausgezeichneter. Gegenüber anderen Dienern und Propheten Gottes unterscheidet ihn sogar eine Besonderheit: Er ist geschaffen von Gottes Geist, um dann zu Lebzeiten aus der Kraft dieses Geistes als Gottes Gesandter zu wirken. Von allen im Koran erwähnten Personen ist dies das Besondere an Jesus. Nur Adam übertrifft ihn noch im Blick auf den Ursprung, ist er doch für den Koran sogar ohne Mithilfe einer irdischen Mutter ins Leben getreten (Sure 2,30). Daraus folgt eine *dritte Übereinstimmung:*

Wie in den neutestamentlichen so ist Jesus auch in den koranischen Geburtsüberlieferungen nicht Produkt der irdischen Geschichte, nicht Menschengeschöpf, er ist Geistgeschöpf, Gottesgeschöpf. Geistgeschöpflichkeit sowie Jungfrauengeburt unterscheiden Jesus im Koran von allen anderen Propheten und Gesandten, einschließlich dem Gesandten Mohammed, dessen irdische Vaterschaft der Koran an keiner Stelle in Frage stellt. Doch gerade seine Geistschöpfung macht Jesus im Koran nicht zu einem exklusiven Gesandten. Geistschöpfung und Jungfrauengeburt unterstreichen nicht wie im Neuen Testament die Einzigartigkeit Jesu, sondern die Einzigartigkeit Gottes.

Jesus ist der Gesegnete Gottes und das Kontrastbild zu allen »unglückseligen Gewaltherrschern«, ja, er ist ein *Mann des Friedens*, und zwar seine ganze menschliche Existenz hindurch: von der Geburt bis zum Tod, ja bis zum neuen Leben bei Gott. Die Formulierung von Sure 19,32 wollen wir bewusst noch einmal registrieren: »Er [Gott] hat mich nicht zum unseligen Gewalttäter gemacht«. So übersetzt Zirker. Bobzin übersetzt fast noch plastischer: »Und machte mich zu keinem elenden Gewaltanwender«. Rückert ebenso deutlich: »Und machte mich zu keinen unglückseligen Gewaltmann«. Welche konkreten Erfahrungen koranischer Adressaten mögen sich hinter einer solchen Absage an »unselige« Gewalt und Gewalttäter verbergen? Für Christen jedenfalls weckt diese entschiedene Zurückweisung Erinnerungen daran, dass Jesus im Matthäus-Evangelium schon als kleines Kind Gegenbild ist zu einem brutalen und gewalttätigen Herrscher wie Herodes. Gerade das Matthäus-Evangelium wird diesen Gedanken noch verdeutlichen: Jesus ist der gewaltlose König des Friedens (Mt 11,28-30; 21,1-7). Daraus folgt eine *vierte Übereinstimmung*:

In den neutestamentlichen und koranischen Geburtsgeschichten ist Jesus als Gesandter Gottes das Kontrastbild zu allen Mächtigen, Reichen und Gewaltherrschern dieser Erde. Jesus – so heißt es betont – ist kein »elender Gewaltanwender«, kein »unglückseliger Gewaltmann«! Was umgekehrt heißt: Gewaltanwender und Gewaltmänner aller Couleur und Provenienz können sich nicht auf Jesus berufen. Dieser Sohn der Maria verkörpert in seiner Person den »Frieden Gottes« auf Erden.

Ein Vergleich der Texte zeigt somit, wie eigenständig Mohammed gerade biblische Überlieferungen von seiner theologischen Axiomatik her zu deuten versteht. Er nimmt sie auf, spitzt sie zu, interpretiert sie stringent und ordnet sie ein unter sein großes theologisches Programmwort: Theozentrik. Gott im Zentrum von Welt und Geschichte; von seinem Willen ist alles durchdrungen, von ihm her muss die ganze Schöpfung als »Zeichen« (*arab.*: ayâ) verstanden werden. Wir können eine *fünfte Übereinstimmung* zwischen Koran und Neuem Testament so präzisieren:

Jesus setzt in seiner Verkündigung und Praxis Zeichen Gottes. Dem Neuen Testament zufolge hat Gott Jesus beglaubigt »durch machtvolle Taten, Wunder und Zeichen« (Apg 2,22). Nach dem Koran ähnlich: Die Praxis Jesu (Heilung von Blinden und Aussätzigen, Totenerweckung etc.) ist ein »Zeichen« Gottes (Sure 3,49). Mehr noch: Jesus ist in Person Gottes Zeichen. Der Aussage von Sure 19,21, wonach Gott Jesus »zu einem Zeichen für die Menschen« machen will, zu einem Zeichen der göttlichen »Barmherzigkeit«, entspricht diejenige Erkenntnis, die im Neuen Testament der Evangelist Lukas dem alten Juden Simeon in den

Mund legt, als dieser im Jerusalemer Tempel dem neugeborenen Kna-
ben und seiner Mutter Maria begegnet: »*Er wird ein Zeichen sein, dem*
widersprochen wird« (*Lk 2,34*).

Was das Neue Testament und den Koran unterscheidet

Was aber unterscheidet die neutestamentlichen und die koranischen Geburtsgeschichten in ihrer theologischen Programmatik. Auch dies muss in
aller Klarheit nochmals herausgearbeitet werden. Wir machen uns den
entscheidenden Unterschied exemplarisch an einer ausgewählten Szene
deutlich: an der Reaktion Marias auf die Ankündigung der Geburt durch
den Gottesboten. Wir stellen die lukanische und die koranische Fassung
synoptisch nebeneinander:

Reaktion Marias auf die Ankündigung der Empfängnis
Vergleich Neues Testament – Koran

Lk 1,26-33	Sure 19,16-21	Sure 3,45-47
Im 6. Monat **sandte Gott** den **Engel Gabriel** in eine Stadt Galiläas, die Nazareth heißt. Dort lebte ein Mädchen, **Maria** hieß sie, die Joseph, aus dem Hause Davids, in Treue zugetan war als seine Braut. Und der Engel trat zu ihr und sagte: »Sei gegrüßt, Maria, du bist gesegnet, Gott ist mit dir.«	Gedenke in der Schrift der **Maria**! Da **sandten wir** zu ihr unseren **Geist** ... »Ich bin der **Gesandte** deines Herrn.«	»Als die **Engel** sagten: ›**Maria, Gott verkündet dir** ...‹«
Maria aber **erschrak** über die Worte und wusste nicht, was dieser Gruß bedeutete.	»Ich suche **Zuflucht** vor dir beim Allerbarmenden, falls du gottesfürchtig bist.«	

»Du wirst schwanger sein und einen **Sohn** gebären,«	»Ich bin der Gesandte deines Herrn, um dir einen **lauteren Jungen** zu schenken.«	
»den du **Jesus** nennen sollst.«		»Gott verkündet dir von sich ein Wort, dessen Name ist: **Christus Jesus.**«
»**Sohn des Höchsten!** Groß auf Davids väterlichem Thron, den Gott der Herr ihm gab. Herrscher über Jakobs Haus, König in Ewigkeit: ohne Ende ist sein Reich.«		»Der **Sohn Marias.** Geehrt ist er im Diesseits und im Jenseits und gehört zu denen, die Gott nahegebracht sind. Er spricht zu den Menshen in der Wiege und als Erwachsener und gehört zu den Rechtschaffenen.«
»Wie kann das geschehen?«, fragte Maria. »Ich bin mit **keinem Mann zusammengewesen.**«	»Wie soll ich einen Jungen bekommen, wo mich **kein Mensch berührt** hat und ich keine Hure gewesen bin?«	»Herr, wie soll ich ein Kind bekommen, wo mich **kein Mensch berührt** hat?«
»Der **Heilige Geist** wird dich überkommen, die **Höchste Macht** wird dich überschatten, das Kind wird heilig sein, denn es ist Gottes Sohn. Auch Elisabeth, die dir verwandt ist, hat ein Kind empfangen und trägt es schon sechs Monate lang, obwohl sie als unfruchtbar galt, dürr und betagt, aber **für Gott ist nichts unmöglich.**«	»So ist es. **Dein Herr** sagte: Das fällt mir leicht … **Es ist beschlossene Sache.**«	»So ist **Gott. Er erschafft, was er will.** Wenn er eine Sache beschließt, dann sagt er zu ihr nur: ›Sei‹! Und da ist sie.«

Bei diesem präzisen Textvergleich wird das je spezifische Profil des neutestamentlichen und des koranischen Jesus-Bildes deutlich, und zwar in mehrfacher Hinsicht:

(1) Im Evangelium des Lukas spricht ein menschlicher Erzähler (»im 6. Monat sandte Gott ...«), im Koran ein göttlicher Erzähler (»da sandten wir ...«).

(2) Im Evangelium des Lukas ist die Geburtsankündigung präzise terminiert und lokalisiert: »eine Stadt in Galiläa, die Nazaret heißt«. Der Koran erwähnt keinen Ort der Erscheinung, erwähnt nicht Joseph, den Partner Marias. Die Johannes- und die Jesus-Erzählung werden zeitlich nicht verklammert.

(3) Im Koran (insbesondere in Sure 3) ist die Erinnerung an Gottes Tat an Maria und Jesus Teil der Auseinandersetzung Mohammeds mit dem zeitgenössischen *Judentum*. Entsprechend ist Israel im Text des Koran mit keinem Wort erwähnt. Im Neuen Testament geht es auch um das zeitgenössische Judentum, aber mit dem Ziel, den Neugeborenen als messianischen Herrscher über Israel für Israel anzukündigen: als »Herrscher über Jakobs Haus, König in Ewigkeit«.

(4) Im Neuen Testament wird Jesus explizit »Sohn des Höchsten« (Lk 1,32) genannt, zusammengefasst in der pointierten Aussage: »Das Kind wird heilig sein, denn es ist Gottes Sohn« (Lk 1,35). Der lukanische Ankündigungstext »spielt« ganz offensichtlich gezielt mit der Doppelsinnigkeit des »Sohnes«-Titels für Jesus: der Sohn Marias ist zugleich »Sohn des Höchsten«! Der Koran vermeidet ebenso gezielt die Sohnes-Titulatur. Die synoptische Gegenüberstellung ist an diesem Punkt besonders aufschlussreich: statt »Sohn« die Umschreibung »lauterer Junge«, statt »Sohn des Höchsten« pointiert »Sohn Marias«!

(5) Im Evangelium hat die herausragende Stellung Jesu eine heilsgeschichtliche Dimension *in Ewigkeit*, auf immer also: »Ohne Ende ist sein Reich«. Im Koran hat Jesus ebenfalls eine herausragende Stellung: »Er spricht zu den Menschen in der Wiege«, ist zu Lebzeiten »geehrt«, gehört zu den »Rechtschaffenen« und wird dafür auch im Jenseits, nach seinem Tod, in Gottes Nähe gerückt. Aber Jesu Stellung im Koran ist eine geschichtlich begrenzte, so wie die aller Propheten und Gesandten vor ihm.

In summa: Was der Koran offensichtlich bewusst vermeidet, ist für die neutestamentliche Ur-Kunde das Entscheidende: Die Bezeichnung Jesu als »Sohn Gottes« und »König in Ewigkeit«. Wir halten die entscheidenden Differenzen zwischen der biblischen und der koranischen Geschichte in drei Punkten fest:

In den neutestamentlichen Überlieferungen ist die Geburt Jesu eingebettet in die Geschichte Gottes mit seinem auserwählten Volk. Deshalb ist die Geburt in Bethlehem wichtig, werden die politischen Herrscher der Zeit erwähnt (Augustus, Herodes), werden konkrete Details der Geburtsgeschichte geschichtlich ausgemalt (Huldigung der Sterndeuter und Hirten). Der Koran dagegen »entgeschichtlicht«. Weder ist er interessiert am konkreten Geburts- oder Wohnort Jesu (keine Erwähnung von Bethlehem oder Nazareth) noch an der konkreten Zeit (keine Erwähnung damaliger politischer Herrscher oder Verhältnisse), noch erwähnt er Joseph, den biblischen irdischen Vater Jesu. Alles ist auf Gottes Handeln an Einzelpersonen wie Zacharias, Maria und Jesus konzentriert.

Für die neutestamentlichen Quellen ist Jesu Geburt die endgültige Erfüllung einer uralten Erwartungsgeschichte seines Volkes, der endzeitliche Höhepunkt in Gottes Selbstzuwendung an sein Volk Israel. Jesu Auftreten ist ein geistgewirkter Neuanfang, ja ein messianischer Aufbruch für Israel und ein Zeichen für die Bekehrung der Heidenvölker. Auch im Koran hat Gott an Jesus in besonderer, in auszeichnender Weise gehandelt. Aber der Sohn Marias ist trotz allem ein Zeichen Gottes, herausgehoben zwar, aber eines unter vielen.

Für die neutestamentlichen Überlieferungen ist Jesus aus Nazareth gegenüber Israel und der Heidenwelt der definitive Offenbarer Gottes, auf den ein Prophet wie Johannes der Täufer nur hinweist. Für Muslime ist die definitive Offenbarung Gottes im Koran gegeben, auf den alle Propheten, einschließlich Johannes und Jesus, hinweisen. Christologie und Koranologie entsprechen sich. Der Fundamentalunterschied zwischen Christentum und Islam ist und bleibt: Für Christen ist Gottes Wort in Jesus Mensch geworden. Im Islam ist Gottes Wort im Koran Buch geworden.

Deutlich aber wird: Je genauer man an und mit den Quellen arbeitet, so sehr sieht man tiefgreifende Übereinstimmungen zwischen christlichem und islamischem Glauben, aber auch bleibende trennende Unterschiede, Wahrheitsansprüche, die in letzter Konsequenz zu einer Glaubensentscheidung herausfordern. Beides muss in einem Dialog zur Sprache kommen, der seinen Namen verdient. Die »Weihnachtsgeschichte« im Koran wäre als Urmodell eines solchen Dialogs von Christen und Muslimen zu lesen. Sie fordert beide heraus, über das Geheimnis des Handelns Gottes in der Geschichte Jesu vertieft nachzudenken und so das Gemeinsame und das Trennende mitteilbar zu machen. Sie ist nicht das Ende des Dialogs, sondern die Basis des Dialogs. Sie kann lehren, das Gemeinsame im Lichte des Trennenden, das Trennende im Lichte des Gemeinsamen zu lesen. Sie könnte dialogische Kommunikation stiften – die umso tiefer gehen kann, als sich Christen und Muslime stets bewusst zu sein haben, dass sie Gottes Geheimnis nicht schon »haben«, »verwalten« oder »besitzen«, sondern dass sie es im Glauben und Denken je tiefer erkennen wollen. Kommunikation – in gegenseitigem Respekt vor Letztentscheidungen und Letztüberzeugungen. Das wollen wir im letzten Kapitel dieses Buches noch ein wenig vertiefen. Wir greifen noch einmal auf die »Signale« zurück, von denen wir zu Beginn dieses Buches gesprochen haben.

Fünfter Teil

Aufruf zum Dialog

»Ein Mann kam zu Jesus und sagte: ›Lehrer des Guten, lehre mich etwas, was du kennst und ich nicht kenne, das mir nutzt und dir nicht schadet.‹ Jesus fragte: ›Was sollte das sein?‹ Der Mann sagte: ›Wie kann ein Diener wahrhaftig gottesfürchtig sein?‹ Jesus erwiderte: ›Die Sache ist einfach. Du musst Gott in deinem Herzen wahrhaftig lieben und unter Aufbietung aller deiner Kräfte dein Leben in seinen Dienst stellen und Menschen deiner Rasse gegenüber so barmherzig sein, wie du auch Barmherzigkeit dir selbst gegenüber zeigst.‹ Er sagte: ›Lehrer des Guten, wer sind die Menschen meiner Rasse?‹ ›Alle Kinder Adams. Und was du nicht möchtest, das dir getan wird, tue auch nicht anderen. Auf diese Weise wirst du wahrhaftig gottesfürchtig sein.‹«

AHMAD IBN HANBAL (gest. 855)[76]

»Wenn Muslime und Christen nicht miteinander in Frieden leben, kann es auf der Welt keinen Frieden geben … Deshalb sollten unsere Differenzen nicht zu Hass und Streit zwischen uns führen. Lasst uns vielmehr miteinander um Rechtschaffenheit und gute Werke wetteifern. Lasst uns einander respektieren, lasst uns fair, gerecht und freundlich zueinander sein, lasst uns in einem gerechten Frieden, in Harmonie und gegenseitigem Wohlwollen miteinander leben.«

Aus dem »Dokument der 138« (2007)

Am 13. Oktober 2007 – wir haben im Prolog bereits davon berichtet – kommt es zu einem bemerkenswerten, weil geschichtlich beispiellosen Vorgang: 138 Autoritäten aus der gesamten muslimischen Welt richten in einem Offenen Brief einen Appell an den Papst und weitere Vertreter christlicher Kirchen und Glaubensgemeinschaften, einen Dialog mit Muslimen zu suchen.

1. EIN GEMEINSAMES WORT

Der Text steht unter dem Titel »Ein gemeinsames Wort« (»A common word«). Und dieser Titel kommt nicht von ungefähr. Er weist zurück auf den Koran, konkret auf Sure 3,64. Es lohnt sich, diese Stelle noch einmal genauer in den Blick zu nehmen.

Der koranische Schlüsseltext: Sure 3,64

Sure 3 ist uns ja nicht unbekannt. Mit den Versen 33-57 über Maria, Johannes und Jesus haben wir uns ausführlich beschäftigt. Überraschend ist nun, dass der Koran ab Sure 3,59 noch einmal auf die Bedeutung Jesu zurückkommt, als sei vorher nicht alles geklärt worden. Plötzlich stellt der Koran in autoritativ-statuarischer Weise noch einmal fest:

59 Mit Jesus ist es bei Gott wie mit Adam: Er erschuf ihn aus Staub.
Dann sagte er zu ihm:
»Sei!«,
und da ist er.
60 Die Wahrheit ist von deinem Herrn. So gehöre nicht zu denen, die zweifeln!
61 Wenn dann nach dem, was an Wissen zu dir gekommen ist, einer mit dir darüber streitet, dann sag:

»Kommt, rufen wir unsere Söhne und eure Söhne, unsere Frauen und eure Frauen, uns selbst und euch selbst, leisten wir dann einen Eid und lassen Gottes Fluch über die Lügner kommen!«

62 Das ist die wahre Geschichte.
    Kein Gott ist außer Gott.
    Gott, er ist der Mächtige und Weise.

63 Doch wenn sie sich abkehren –
    Gott kennt die Unheilstifter.

64 Sag:
    »Ihr Leute der Schrift, kommt zu einem zwischen uns und euch gemeinsamen Wort: dass wir nur Gott dienen, ihm nichts zum Partner geben und nicht außer Gott noch einander zu Herren nehmen.«
    Doch wenn sie sich abkehren, dann sagt:
    »Bezeugt, dass wir gottergeben – Muslime – sind.« (Sure 3,59-64)

Überraschend an diesem Text ist nicht nur das nochmalige »Mit Jesus ist es …«. Überraschend ist auch der Adressatenwechsel. Nicht mehr wie vorher die »Kinder Israels« allein, sondern »Leute der Schrift« sind hier angesprochen, womit dann auch Christen gemeint sein dürften. Darüber hinaus bedarf der Aufruf »Kommt, rufen wir unsere Söhne und eure Söhne …« (Sure 3,61) einer Erklärung. Offensichtlich die Aufforderung zu einer Versammlung, um, wie es später heißt, zu einem »gemeinsamen Wort« zu kommen (Sure 3,64). Was ist der Hintergrund?

Die Datierung des Textes ist nicht gesichert: War es vor der Schlacht von Badr im März 624 oder war es erst im Jahr 631? Vermutet wird: In Medina ist eine Gesandtschaft von Christen aus Nadjrān (Nordjemen) aufgetaucht. Unter dem Eindruck des sich ausbreitenden Islam sehen diese sich in ihrer religiösen, politischen und ökonomischen Freiheit bedroht und schicken eine Delegation zu Sondierungen und Verhandlungen nach Medina.[77] Die mächtigste Handelsmetropole des Südens muss ein Interesse daran haben, sich über Stärke, Absichten und Pläne der im Norden sich bildenden politischen Kraft zu informieren.

Ein Modell für Verständigung?

Offensichtlich hat man nicht nur, aber auch über Grundlagen des Glaubens gesprochen, vor allem über die wahre Natur Christi. Die Gespräche enden in einer Sackgasse. Weder können die Christen aus Nadjrān das Christus-Bild des Koran annehmen (obwohl sich Mohammed offenbar größte Mühe gibt, die Verbindung zwischen Christentum und Islam herauszustellen), noch können die Muslime sich von einem Grundelement traditioneller Christologie überzeugen lassen: dem Gott-Menschentum Jesu, steht doch nach orthodoxer Lehre als Glaubenssatz für Christen seit dem 5. Jahrhundert ein Doppeltes fest: Gott wird verstanden als eine Natur in drei Personen (Trinität), Jesus Christus als eine »göttliche« (!) Person in zwei Naturen, eine göttliche und eine menschliche (»Zwei-Naturen-Lehre«). Seit dem Konzil von Chalcedon im Jahre 451 gilt nach christlicher Lehre das Zugleich von »vere homo« – »vere deus« für Jesus: wahrer Gott und wahrer Mensch in der einen (göttlichen) Person!

Nach langen Verhandlungen aber gelingt es beiden Seiten offensichtlich, sich auf ein »Gottesurteil« (Ordal) zu verständigen. Darauf spielt Sure 3,61 wohl an, wenn es heißt: »Kommt, rufen wir unsere Söhne …, leisten wir dann einen Eid und lassen Gottes Fluch über die Lügner kommen!« Beide Seiten erklären sich bereit, ein gesichertes Vertragsverhältnis einzugehen, das ihre unveräußerlichen Rechte, aber auch Pflichten festlegt. Die Christen aus Nadjrān werden nicht zur Annahme des Islam gezwungen, können ihrerseits aber auch ihr Bekenntnis zur Gottheit Christi den Muslimen nicht vermitteln. Zugestanden aber wird ihnen eine weitgehend politisch-religiöse Autonomie und wirtschaftliche Autarkie, besiegelt durch einen unverbrüchlichen Eid, geheiligt durch das Ehrenwort des Propheten.

Wie immer es um die Historizität eines solchen »Abkommens« bestellt gewesen sein mag, wie immer die Frage historisch zu beantworten ist, ob Sure 3,59-64 tatsächlich Verhandlungen um ein solches »Abkommen« widerspiegelt: In Sachen des Glaubens sind in Sure 3,59 und 64 ein für allemal Eckpunkte formuliert, auf die Muslime und Christen sich prinzipiell verständigen könnten. Was das *Verständnis Jesu* betrifft, lautet die Formel: »Mit Jesus ist es bei Gott wie mit Adam: Er erschuf ihn aus Staub. Dann sagte er zu ihm: ›Sei!‹« (Sure 3,59). Was das *Gottesverständnis* betrifft, so gelten auf der Basis von Sure 3,64 die Eckpunkte:
– Nur *einem* Gott dienen (positive Formulierung des Monotheismus);

– Gott *keinen Partner* beigesellen (negative Formulierung des Monotheismus);
– Keine *Menschen gottgleich* verehren (Konsequenzen des Monotheismus).

Damit ist zwischen Muslimen und Christen ein konzeptioneller Rahmen des Konsenses geschaffen, nicht mehr und nicht weniger! Ein *Minimalkonsens* könnte man sagen, skizziert in den drei genannten Eckpunkten. Dieser ist offensichtlich schon in der Vergangenheit Basis eines friedlichen, sich gegenseitig akzeptierenden Verhältnisses von Muslimen und Christen gewesen. Er könnte es – recht verstanden – auch in Zukunft sein.

2. DAS DOKUMENT DER 138

Adel Theodor Khoury hat in seinem Koran-Kommentar nicht zufällig davon gesprochen, dass der Text von Sure 3,59-64 in der islamischen Tradition »Modellcharakter«, bekommen habe für die Gestaltung der Beziehungen von Muslimen zu Christen«.[78] Wie wichtig er ist, zeigt das genannte, im Oktober 2007 veröffentlichte Dokument von 138 muslimischen Theologen aus aller Welt. Es nimmt, wie wir hörten, die Schlüsselaussage von Sure 3,64 auf und setzt sie programmatisch ans Ende des ganzen Dokumentes. Wir wiederholen noch einmal den Wortlaut: »Ihr Leute der Schrift, kommt zu einem zwischen uns und euch gemeinsamen Wort: dass wir nur Gott dienen, ihm nichts zum Partner geben und nicht außer Gott noch einander zu Herren nehmen. Doch wenn sie sich abkehren, dann sagt: Bezeugt, dass wir gottergeben – Muslime – sind.« Zwei Folgerungen werden im Dokument der 138 daraus gezogen.

Folgerungen für Muslime und Christen

Die erste Folgerung betrifft das *Selbstverständnis von Muslimen*. Die Aussage in Sure 3,64 »Gott allein dienen« verweise, so liest man im Dokument der 138, »auf die ausschließliche Hinwendung zu Gott und somit auf das Erste und Höchste Gebot«. Einem der ältesten und bedeutendsten Koran-Kommentare zufolge, dem von al-Tabari (gest. 923 n. Chr.), bedeute die andere Formulierung »und nicht außer Gott noch einander zu Herren nehmen«, dass niemand im Ungehorsam dem gehorchen solle, was Gott verboten habe, noch andere verherrlichen solle, indem man sich vor ihnen niederwerfe, wie man sich vor Gott niederwerfe. Muslime, Christen und Juden sollten frei sein, dem zu folgen, was Gott ihnen geboten habe, und sich nicht vor Königen und dergleichen niederwerfen müssen, denn Gott sage anderswo im Heiligen Koran: »Es gibt keinen Zwang in der Religion« (Sure 2,256). Dies verweise – so das Dokument – »klar auf das Zweite Gebot und darauf, den Nächsten zu lieben, wobei Gerechtigkeit und Religionsfreiheit unverzichtbar« seien. Gerechtigkeit und Religionsfreiheit? Wir horchen bei diesen Begriffen auf. Wir werden diese Aussage zu diskutieren haben.

Die zweite Folgerung im Dokument ist eine Einladung an Christen, »sich der Worte Jesu im Evangelium zu erinnern«, wie sie z. B. im Markus-Evangelium stünden: »... der Herr, unser Gott, ist der einzige Herr. Darum sollst du den Herrn, deinen Gott, lieben mit ganzen Herzen und ganzer Seele, mit all deinen Gedanken und all deiner Kraft. Als Zweites kommt hinzu: Du sollst deinen Nächsten lieben wir dich selbst. Kein anderes Gebot ist größer als diese beiden« (Mk 12,29-31). Unmittelbar darauf folgt im Dokument die dramatisch klingende Erklärung:

> »Als Muslime sagen wir den Christen, dass wir nicht gegen sie sind und dass der Islam nicht gegen sie ist – solange sie keinen Krieg aus religiösen Gründen gegen Muslime führen, diese unterdrücken und aus ihren Häusern vertreiben (entsprechend dem Vers des Heiligen Koran 60,8). [...]

> Ist die Christenheit grundsätzlich gegen Muslime? Im Evangelium sagt Jesus Christus: ›Wer nicht für mich ist, der ist gegen mich; wer nicht mit mir sammelt, der zerstreut‹ (Mt 12,30). ›Denn wer nicht gegen uns ist, der ist für uns‹ (Mk 9,40). ›Denn wer nicht gegen euch ist, der ist für euch‹ (Lk 9,50).

Dem seligen Theophylact zufolge (›Erklärung des Neuen Testaments‹) sind diese Äußerungen keine Widersprüche, denn die erste Aussage (im originalen griechischen Text des Neuen Testaments) bezieht sich auf Dämonen, während sich die zweite und dritte Aussage auf die Menschen bezieht, die Jesus anerkannt haben, aber keine Christen waren. Muslime erkennen Jesus als den Messias an, nicht in derselben Weise, wie es die Christen tun (aber auch die Christen selbst haben sich niemals untereinander über die wahre Natur Jesu Christi einigen können), sondern in der folgenden Weise: ›Christus Jesus, der Sohn Marias, ist nur Gottes Gesandter, sein Wort, das er Maria entbot, und Geist von ihm‹ (Sure 4,171).

Deshalb laden wir Christen ein, Muslime nicht als ›gegen‹ sie gerichtet zu betrachten, sondern als ›mit‹ ihnen, so wie es den hier zitierten Worten Jesu Christi entspricht. Schließlich möchten wir als Muslime, gehorsam gegenüber dem Heiligen Koran, die Christen bitten, mit uns im gemeinsam Wesentlichen unserer beiden Religionen zusammenzukommen: ›… dass wir nur Gott dienen, ihm nichts zum Partner geben und nicht außer Gott noch einander zu Herren nehmen‹« (Sure 3,64).

Eine erstaunliche, weil geschichtlich einzigartige Einladung! Seriöse Antworten von christlicher Seite sind in der Zwischenzeit erfolgt. Papst Benedikt XVI. zum Beispiel hat dieses Dokument nicht nur begrüßen lassen, er hat der Einrichtung eines »Katholisch-Muslimischen Forums« zugestimmt, das die Fragen weiter vertiefen soll. Für November 2008 ist ein Seminar vorgesehen, an dem 24 religiöse Führer und Wissenschaftler von jeder Seite teilnehmen werden. Thema des Seminars: »Die Liebe zu Gott und zum Nächsten«. Schon am 19. November 2007 hatte Benedikt XVI. durch seinen Staatssekretär Kardinal Bertone den Unterzeichnern mitteilen lassen: »Ohne unsere Verschiedenheiten als Christen und Muslime zu übergehen oder herunterzuspielen, können und sollen wir daher auch auf das schauen, was uns eint, nämlich auf den Glauben an den einen Gott, den vorausschauenden Schöpfer und universalen Richter, der am Ende der Zeiten jede Person so behandeln wird, wie es seine oder ihre Taten verdienen. Wir sind alle dazu aufgerufen, uns ganz in seinen Dienst zu stellen und seinem heiligen Willen zu gehorchen. Den Inhalt seiner Enzyklika ›Deus caritas est‹ (›Gott ist die Liebe‹) vor Augen, war seine Heiligkeit besonders über die Aufmerksamkeit beeindruckt, die in dem Brief dem zweifachen Gebot, Gott und den Nächsten zu lieben, entgegengebracht wird.«[79]

Das Dokument unter Verdacht

Andere Reaktionen sind weniger freundlich. Ich zitiere exemplarisch Äußerungen aus zwei sehr unterschiedlichen »Lagern«. Von *islamwissen-schaftlicher Seite* ist den Verfassern des Dokuments vorgeworfen worden, keine »kohärente tragfähige Koranhermeneutik« zu besitzen. Das Dokument erwecke den Eindruck »bewusster Selektivität« mit dem Ziel, den Islam dialogfreundlicher und verständigungsbereiter erscheinen zu lassen, als er aufgrund der traditionellen Koranauslegung sein könne. Dass der Koran, insbesondere Sure 3,64, »Schriftgrundlage für friedliche Beziehungen zwischen Muslimen und Christen« sei, bedürfe »erheblicher Auslegungsanstrengungen«, die hier aber gerade nicht geleistet würden. Stattdessen bediene man sich bestimmter Koran- und Bibeltexte, aber nicht, um zu einem »gemeinsamen Wort«, sondern zum Islam einzuladen. Gerade auch der Jesus dieses Dokuments bleibe »trotz biblischer Einkleidung schlicht und einfach der koranische Jesus«. Wichtig auch: Völlig ungeklärt sei in diesem Dokument das Verhältnis von Koran und Scharia, dem muslimischen Religionsgesetz. »Platter formuliert: Selbst alle widerspruchsfrei koranisch begründeten Freundlichkeiten sind das Papier nicht wert, auf das sie gedruckt sind, wenn damit nicht eine Neubestimmung des schariatischen Verhältnisses von Muslimen zu Nichtmuslimen einhergeht.« Dass in Sure 3,64 die »Religionsfreiheit« koranisch begründet sei, beruhe auf einer verharmlosenden Exegese![80]

Noch deutlicher fällt eine Stellungnahme der »*Internationalen Konferenz bekennender Gemeinschaften*« aus. Es handelt sich, kurz gesagt, um Vertreter des protestantischen Fundamentalismus. Auch sie können in dem »gemeinsamen Wort« kein Dialogangebot erkennen, vielmehr »einen Aufruf an die Ungläubigen, sich zum Islam zu bekehren und sich zu unterwerfen«. Frieden? Nur »durch Unterwerfung unter den Islam« erreichbar. Biblische Zitate? Islamisch vereinnahmt! Verständnis von Liebe? Völlig anders als im Christentum. Islamische Liebe sei »letztlich Selbstliebe«. Religionsfreiheit? Nur die »Freiheit, den Islam ohne jede Einschränkung praktizieren zu dürfen«. »Gerechte Gesellschaft«? Nur »eine islamische Gesellschaft«! Fazit der Analyse:

> »Das ›Gemeinsame Wort‹ erweist sich bei sorgfältiger Analyse als Aufforderung an die Christen, Christus als Zentrum ihres Glaubens preiszugeben und diesen einschränkend auf die islamisch verstandene Liebe zu Gott = Allah und zum Nächsten zu konzentrieren. ›Liebe zu Gott‹

136

bedeutet jedoch für den Islam etwas grundlegend Anderes als in der Bibel. Sie ist die Unterwerfung unter die islamische Gottheit und die Akzeptanz des Koran sowie die Aufrichtung der Scharia als Staatsgesetz. Auf solche Zumutung können wir Christen uns keinesfalls einlassen, ohne unseren Herrn und Heiland zu verleugnen.«[81]

Was ist zum Dokument und seiner Kritik zu sagen? Auf eine Diskussion über Einzelpunkte, so spannend sie wäre, kann ich mich an dieser Stelle nicht einlassen. Ich möchte grundsätzlich meine Position wie folgt umreißen und zunächst positiv festhalten:

(1) Ungezählte Male habe ich in Veranstaltungen der letzten Jahre zum interreligiösen Dialog die Behauptung gehört, »die« Muslime wollten gar keinen Dialog. Dialog wollten nur einige blauäugige liberale christliche Theologen mit einem verharmlosenden Islam-Wunschbild im Kopf. Das Dokument der 138 widerlegt eine solche Behauptung. Es erfüllt damit eine Forderung, die viele dialogengagierte Christen seit Jahren ihren muslimischen Partnerinnen und Partnern gegenüber erheben: In die Offensive gehen! Klarmachen, dass der interreligiöse Dialog ein genuines Anliegen auch von Muslimen sein kann. Öffentlich zeigen, dass der Islam über Grundlagen für einen Dialog verfügt.

(2) Die Fokussierung auf das Doppelgebot der Liebe unterläuft auf befreiende Weise all die Klischees vom Islam, die sich seit Jahren bei uns öffentlich verfestigt haben. Nach diesem Klischee steht im Zentrum »des« Islam aggressiver Fundamentalismus, Gewaltbereitschaft, Freiheitsunterdrückung, Menschenrechtsverweigerung, insbesondere gegenüber Frauen. Wahrhaftig: Das öffentliche »Image« des Islam bei uns ist nicht gerade bestimmt vom Doppelgebot der Liebe. Hier setzen die Unterzeichner einen Kontrapunkt und ziehen daraus die Konsequenz: »Als Muslime sagen wir den Christen, dass wir nicht gegen sie sind und dass der Islam nicht gegen sie ist.«

Kritische Rückfragen

Doch kritische Rückfragen an das Dokument sind durchaus am Platz. Ich nenne einige wichtige Punkte:

(1) Das Dokument lädt Christen zum Dialog ein, ignoriert aber den möglichen jüdischen Partner. Dabei wird auf das Alte Testament, die jüdische

Liturgie, auf Judentum und Juden an manchen Stellen im Dokument durchaus verwiesen. Die Unterzeichner wissen, dass das Doppelgebot der Liebe nicht von Christen »erfunden« wurde, sondern in der alttestamentlich-jüdischen Tradition verwurzelt ist. Es eint Juden, Christen und Muslime. Warum dann aber keine Einbeziehung des jüdischen Partners? Warum dann nur die exklusive Beziehung Christen – Muslime? Geschieht dies aus einem latenten oder offenen Überlegenheitsgefühl, nur Christentum und Islam seien wirklich Welt-Religionen und die kleineren Glaubensgemeinschaften könne man ignorieren? Oder geschieht dies gar aus politischen Gründen, weil man eine Stellungnahme zum Judentum als politisch zu prekär empfindet? Das ökumenische Anliegen dieses Dokuments erhielte größere Glaubwürdigkeit, wenn der Dialog zum Trialog erweitert worden wäre!

(2) Eindrucksvoll bei der Auswahl der Koran-Zitate ist die Fokussierung auf die Gottes- und Nächstenliebe. Aber kein Wort zu anderen »Stellen« im Koran, welche durchaus eine Aggressivität gegenüber Christen und »Ungläubigen« erkennen lassen. Kein Wort vor allem zum Verhältnis von Koran und Scharia. Gewiss: Man muss in einem solchen Dokument nicht die ganze Komplexität der Problematik aufrollen. Aber ein selbstkritisches Wort gegenüber solchen in den eigenen Reihen, die spalterisches Denken gegenüber Nichtgläubigen aus dem Koran ableiten, wäre hilfreich gewesen. Zumindest eine Auslegungsregel, wie vom genannten Zentrum her künftig mit anderen »Stellen« umzugehen wäre. Die Kritik gerade von islamwissenschaftlicher Seite, keine »kohärente, tragfähige Koranhermeneutik« zu besitzen, hat hier ihren sachlichen Grund.

(3) Besondere Nachfragen zieht der Komplex »Religionsfreiheit« auf sich. Zweifel sind angebracht, ob aus Sure 2,256 und dem Gebot der Nächstenliebe wirklich Religionsfreiheit folgt, und zwar im neuzeitlichen Sinn. Religionsfreiheit im neuzeitlichen Sinn meint nämlich eine Freiheit in dreifacher Bedeutung: Freiheit für Religion (freie Religionsausübung), Freiheit zu einer Religion (Freiheit zum Religionswechsel) und Freiheit von Religion (die Freiheit, keine Religion zu haben). Die Verfasser sind aufgefordert zu zeigen, ob nicht nur die erste Form (Freiheit für die Ausübung und Verbreitung des Islam), sondern auch die anderen beiden Formen der Freiheit mit den Vorgaben aus Koran und Sunna vereinbar sind.

(4) Wird im Dokument die Autorität der Heiligen Schrift der Christen wirklich respektiert? Wir haben dieses prekäre Problem im zweiten Kapitel dieses Buches angesprochen. Das Dokument scheint hier einen anderen

Weg zu gehen. Dem katholischen, um den christlich-muslimischen Dialog hochverdienten Islamwissenschaftler *Christian Troll* jedenfalls ist aufgefallen: »Allein die Tatsache, dass dieses Schreiben auf biblische Texte eingeht, die wortwörtlich autorisierten jüdischen und christlichen Bibelübersetzungen entnommen sind, ist aufsehenerregend. Deutet sich hier etwa ein Bruch mit der klassischen muslimischen Lehre an? Nach dem Koran gelten die Heiligen Schriften der Juden und Christen ja eigentlich als Dokumente der ›Korruption‹ (arab.: taḥrīf) der Überlieferung – mit der Folge, dass Muslime diesen Texten die Zuverlässigkeit absprechen und sie deshalb auch nicht als gemeinsame Grundlage für den Dialog anerkennen. Das Buch der Psalmen wird z. B. von Muslimen weder liturgisch noch privat rezitiert, obwohl der Koran wiederholt von den Psalmen spricht, die David gegeben wurden (vgl. Suren 4,163; 17,55). So darf gefragt werden: Suchen die Autoren des Schreibens die aus der Bibel zitierten Texte wirklich aus ihrem eigenen, genuin biblischen, näheren und weiteren Kontext zu verstehen und zu interpretieren? Oder könnte es sein, dass diese im Schreiben zitierten biblischen Texte von den muslimischen Autoren nur insofern als autoritativ akzeptiert und zitiert werden, weil sie vermeintlich mit dem Koran ganz und gar identische Aussagen machen?«[82]

Konsens im Verständnis Jesu?

Unbeschadet dieser Rückfragen wollen wir die Aussagen von Sure 3 noch ein wenig ausloten. Wir sahen, dass in Sure 3,59-64 nur ein Minimalkonsens formuliert ist. Das ist nicht wenig. Im Blick auf das Verständnis Jesu und Gottes lassen sich durchaus einige Konsenspunkte verantworten.

Was das *Gottesverständnis* angeht, so gilt:

- Auch Christen wollen in Glauben und Leben nur dem einen, einzig wahren Gott dienen. Keine Aufgabe des Monotheismus durch das Christus- und Sohnesbekenntnis.
- Auch Christen verstehen ihr Bekenntnis zu Jesus von Nazareth als Christus und Sohn Gottes nicht als additive »Beigesellung« (als gebe es plötzlich zwei Götter), sondern als Vertiefung des Gottesverständnisses: Gott, der souveräne »Schöpfer«, ist zugleich der liebend-versöh-

nende »Vater«, ein Zusammenhang, der Anhalt hat in der Verkündigung des geschichtlichen Jesus selber (Mt 6,9-15; Mk 11,25; Lk 11,2-4).

– Auch Christen lehnen im Namen des einen, einzig wahren Gottes jede »Vergötzung« anderer Größen (Menschen, Mächte, Ideologien) radikal ab.

Was das *Verständnis Jesu* angeht, so lässt sich ein Konsens so umschreiben: Die Aussage von Sure 3,59 (»Mit Jesus ist es bei Gott wie mit Adam: Er schuf ihn aus Staub. Dann sagte er zu ihm: ›Sei!‹«) kann auch von Christen richtig verstanden werden. Ich rufe unsere Auslegung von Lk 1,35 sowie von Sure 21,91 in Erinnerung. Nach dem lukanischen Stammbaum ist, wie wir hörten, Jesus ein Sohn Adams, der seinerseits ein Geschöpf Gottes ist (Lk 3,38). Christen wie Muslime können (unbeschadet weiterer inner-christlicher dogmatischer Entfaltungen) zumindest aufgrund ihrer Heiligen Schriften bejahen:

> *Jesus ist weder ein Mensch wie alle anderen Menschen noch »Gott« (»der Vater«) noch ein (mythologisch verstandenes) gottähnliches Wesen. Jesu Ursprung ist Gott selbst – vergleichbar nur dem ersten Geschöpf schlecht-hin: Adam. So wie Gott Adam voraussetzungslos schuf, so auch Jesus. So wie Adam ohne menschliche Mitwirkung ins Leben trat, so Jesus ohne männliche Mitwirkung allein aufgrund des göttlichen Schöpferworts. Dass es Jesus als Gesandten Gottes gibt, ist direkt und unmittelbar Aus-druck von Gottes Schöpferwillen.*

So weit das Konsensfähige. Christen ihrerseits werden hier weitergehen. Das Kriterium für die »Gemeinsamkeit« des Wortes kann ja nicht von muslimischer Seite allein bestimmt werden, ist doch das spezifisch christ-liche Glaubensprofil (Jesus als der einzige Sohn Gottes) in Sure 3, 59-64 nicht angesprochen. »Diese drei Vertragssätze sind ein theologisches, aber zugleich auch ein politisch-diplomatisches Dokument«, so Claus Schedl: »Theologisch mutet Muhammad seinen Vertragspartner viel zu. Er verlangt nicht mehr und nicht weniger als die Aufgabe des ›Got-tessohnglaubens‹ und der Heiligenverehrung; denn dadurch würden dem ›einen Gott‹ andere Wesen als Nebengötter ›beigesellt‹. Nach der Auf-fassung der Christen war dies aber keineswegs der Fall, da auch sie den Ein-Gott-Glauben bekannten und ›beigesellen‹ nicht im Sinne Mu-hammads verstanden. Auf theologischer Ebene gab es also keinen Aus-gleich.«[83]

140

Auf der Basis von Sure 3,59-64 allein also kann von einer wirklichen Gemeinsamkeit zwischen Christen und Muslimen keine Rede sein. Christen müssten das Zentrum ihres Glaubens, die Gottessohnschaft Jesu, völlig ignorieren oder gar verleugnen. Für eine solche »Gemeinsamkeit« reicht auch die Zitierung von Jesus-Worten aus dem Markus-Evangelium nicht aus. Denn auch dies geschieht im Dokument der 138 nicht uneigennützig. Muslime zitieren es, weil sie sich auf diese Weise in *ihrem* Gottesverständnis bestätigt sehen. Weitere »christologische« Präzisierungen des Gottesverständnisses werden beiseite gelassen. »Christologie« aber kann für Christen nur nach neutestamentlichen, nicht nach koranischen Vorgaben entfaltet werden. Die entscheidende Frage ist: Sind Muslime bereit, einem Verständnis von Gottessohnschaft zu folgen, das nicht unter das Verdikt der »Beigesellung« fällt? Sind Christen bereit, beim Bekenntnis zur und beim Verständnis von Gottessohnschaft die »Warnungen« von Muslimen ernstzunehmen?

3. CHRISTEN UND DIE HEILIGE NACHT DES ISLAM

Ob das Dokument der 138 Zukunft hat, wird *erstens* davon abhängen, ob Christen diese Einladung ernstnehmen und die Unterzeichner dieses Dokuments beim Wort nehmen. Aber *zweitens* auch davon, ob ein selbstkritischer Diskurs innerhalb der muslimischen Welt angestoßen werden kann. Genauso wichtig wie der inter-religiöse Dialog ist der intra-religiöse Dialog mit den eigenen, totalitär denkenden Islamisten. Im Geiste dieses Dokuments aber könnte man auf beiden Seiten selbstkritischer als früher zu sprechen beginnen: über Prinzipien der Koranauslegung, über das Verhältnis von Muslimen und Nichtmuslimen, über das Verhältnis von Mann und Frau, Religion und Politik, Monotheismus und Christologie. Eine große Agenda. Dass sie bearbeitet werden kann und muss, dazu ist dieses Einladungs-Dokument ein beispiellos zu nen-

nendes Signal aus der Welt des Islam, auf das viele Christen lange gewartet
haben.

Die gemeinsamen Aufgaben der Zukunft

Wie immer sich das Gespräch weiterentwickeln wird – in jedem Fall dürf-
ten Christen im *Ausgangspunkt* dieses Dokuments mit ihren muslimischen
Partnern übereinstimmen: in der Analyse der dramatischen Weltsituation.
Diese Passage des Dokumentes dürfte unstrittig sein:

>»Die Suche nach Gemeinsamkeiten zwischen Muslimen und Christen
ist nicht einfach eine Frage des höflichen ökumenischen Dialogs zwischen ausgewählten religiösen Führern. Das Christentum und der Islam
sind die größte bzw. die zweitgrößte Religion in der Welt und in der
Geschichte. Christen und Muslime stellen nachweislich mehr als ein
Drittel bzw. mehr als ein Fünftel der Menschheit. Gemeinsam machen
sie 55 % der Weltbevölkerung aus, und damit ist die Beziehung zwischen diesen beiden Religionsgemeinschaften der wichtigste Faktor, um
zu einem bedeutungsvollen Frieden auf der ganzen Welt beizutragen.
Wenn Muslime und Christen nicht miteinander in Frieden leben, kann
es auf der Welt keinen Frieden geben. Angesichts der schrecklichen
Waffen auf der Welt, angesichts der nie zuvor dagewesenen Verflechtung zwischen Muslimen und Christen kann keine Partei einseitig einen
Konflikt gewinnen, in den mehr als die Hälfte der Weltbevölkerung
involviert sein würde. Deshalb geht es um unsere gemeinsame Zukunft.
Vielleicht steht sogar das reine Überleben der Welt auf dem Spiel.

Und all diejenigen, die dessen ungeachtet um ihrer eigenen Zwecke willen in Konflikten und Zerstörung schwelgen oder der Ansicht sind,
plötzlich aus diesen Gewinn ziehen zu können, wollen wir sagen, dass
auch unsere unsterblichen Seelen auf dem Spiel stehen, wenn wir keine
ernsthaften Anstrengungen unternehmen, miteinander in Frieden und
Harmonie zu leben. [...] Deshalb sollten unsere Differenzen nicht zu
Hass und Streit zwischen uns führen. Lasst uns vielmehr miteinander
um Rechtschaffenheit und gute Werke wetteifern. Lasst uns einander
respektieren, lasst uns fair, gerecht und freundlich zueinander sein, lasst
uns in einem gerechten Frieden, in Harmonie und in gegenseitigem
Wohlwollen miteinander leben.«

Im Prolog zu diesem Buch habe ich bereits davon berichtet: Muslime sind heute bereit und in der Lage, Christen zum Geburtsfest Jesu gute Wünsche zu übermitteln. In zahlreichen Städten Deutschlands gibt es bereits kirchliche oder nichtchristliche Weihnachtsfeiern unter Einschluss von Muslimen. Die »Heilige Nacht«, in der Christen in besonderer Weise der Ankunft Jesu Christi gedenken, hat auch für Muslime, wie wir hörten, eine besondere Bedeutung.

Umgekehrt aber gibt es auch eine Heilige Nacht im Islam. Christen sollten das nicht vergessen und entsprechend auch Musliminnen und Muslimen ihren Respekt und ihre guten Wünsche entgegenbringen. Ja, ein Vergleich der beiden Heiligen Nächte könnte zu einem vertieften Austausch führen über die Frage, welches Zeichen Gott für Christen und Muslime setzt und wie verpflichtend dieses Zeichen ist im Blick auf den Frieden, eingedenk der Tatsache, dass der Koran wie das Neue Testament Jesus ein Zeichen der Barmherzigkeit und des Friedens Gottes nennen. Im Eingedenken der Geburt Jesu könnten Christen und Muslime sich gegenseitig zu Wohltätern und Friedensstiftern werden.

Die Nacht der Bestimmung

Gegenseitig! Denn im Eingedenken der Nacht der Herabkunft des Koran, der »Nacht der Bestimmung« (*arab.:* Lailatu'l-Qadr) könnten Muslime stärker noch als bisher Christen gegenüber betonen: Die Nacht der Bestimmung ist auch eine *Nacht der Verpflichtung auf Frieden,* wenn es denn dem Selbstverständnis von Muslimen entspricht, Gott genauso zu lieben wie den Nächsten. Treffend in diesem Zusammenhang die Bemerkung des katholischen Theologen und Publizisten *Eugen Drewermann:* »Wollte man zum Beispiel einem Moslem die Weihnachtsbotschaft des Christentums erklären, so sollte man ihm nicht als Erstes erzählen von der ›jungfräulichen Geburt‹ Jesu, die auch der Koran, doch eben nicht als Geburt eines Gottessohnes, überliefert, man sollte ihn erinnern an die selige Nacht *Al Kadr,* als der Engel Gabriel aus dem siebenten Himmel herniederstieg und Mohammed die Suren des Korans offenbarte – jene Nacht der Macht und der Herrlichkeit, die ›Frieden und Heil bringt … bis zum Erblühen der Morgenröte‹. Es gilt, etwas wahrzunehmen und an etwas zu glauben, das über uns in der Dunkelheit leuchtet und uns den Weg zeigt; wenn wir ihm folgen, werden wir wie von selber das ›Kindlein‹

143

finden, das in uns ›jungfräulich‹ zur Welt kommt am Ort, da der ›Stern‹ stillsteht.«[84]

Friedensgrüße austauschen

In der Tat: Wie Juden die Exodus-Nacht feiern als Zeit besonderer Präsenz des Göttlichen, wie Christen ihre Heilige Nacht entweder an Weihnachten, aber auch an Ostern, begehen, so feiern Muslime diese ihre besondere Nacht im Monat Ramadan als die Nacht göttlicher Selbstmitteilung – gemäß Sure 97:

> »Wir haben ihn (den Koran) hinabgesandt in der Nacht der Bestimmung.
> Woher willst du wissen, was die Nacht der Bestimmung ist?
>
> Die Nacht der Bestimmung ist besser als tausend Monate.
> Die Engel und der Geist gehen in ihr hinab mit der Erlaubnis ihres Herrn wegen jeglicher Verfügung.
> Friede ist sie bis zum Aufgang des Morgens.« (Sure 97,1-5)

Damit ist auch die Heilige Nacht des Islam eine Zeit der besonderen Offenheit des Menschen für die Ankunft des Göttlichen, eine Zeit, in der der Himmel noch einmal durchlässig wurde für die Erde, eine Zeit aber auch der Verpflichtung auf Frieden. Christen sollten diese Heilige Nacht zum Anlass nehmen, den Friedensgruß mit Muslimen auszutauschen. So wie umgekehrt Muslime begonnen haben, Christen den Frieden zu entbieten in der Heiligen Nacht der Geburt Jesu. Das ist mehr als eine äußere Geste. Das ist zugleich ein Ausdruck der Selbstverpflichtung beider auf Frieden miteinander. Wie hieß es doch im Dokument der 138: »Wenn Muslime und Christen nicht miteinander in Frieden leben, kann es auf der Welt keinen Frieden geben.«

EPILOG:
DIE SURE »MARIA« UND EIN BLICK NACH ÄTHIOPIEN

Es gibt Lebens-Momente, die haften bleiben. Augenblicke unerwarteter Begegnungen, die einen nachhaltig berühren. Vier, fünf Jahre mag es her sein, da bekomme ich per Post eine Briefkarte, auf der in verschnörkelter kalligraphischer Schrift ein gewisser Doktor Asfa-Wossen Asserate aus Frankfurt sich bei mir anmeldet und um ein Gespräch bittet. Plötzlich sitzt er mir gegenüber in meinem universitären Arbeitszimmer. Ich höre erstaunt, was der Besucher mir zu sagen hat: Er sei ein Prinz aus dem kaiserlichen Hause von Äthiopien, lebe aber seit Jahrzehnten schon in Deutschland und habe in Tübingen Jura studiert.

Warum er mich sprechen will? Er hat mein Buch über »Abraham« gelesen, in dem ich die Bedeutung dieser Gestalt für Juden, Christen und Muslime herausarbeite und die Konzeption einer »abrahamischen Ökumene« entwickle. Die Thematik treibt ihn um. Ich erfahre mir bis dahin Unbekanntes: Äthiopien sei nicht nur – wie das Klischee im Westen es will – ein christliches Land, sondern habe viele Religionen auf seinem Staatsgebiet. Von den rund 50 Millionen Einwohnern Äthiopiens seien zwar knapp über 50 % Angehörige der äthiopisch-orthodoxen Kirche, 30–40 % aber sunnitische Muslime. Das ist mir neu. Weiß ich doch um die große Tradition des Christentums in Äthiopien, die in biblischer Zeit bereits begonnen hat. Weiß ich doch um die unfassbare Tatsache, dass Truppen aus dem katholischen Italien 1935 Äthiopien überfielen und bis 1941 besetzt hielten. Unvergessen ist mir auch das Jahr 1960, als es zu einem ersten Staatsstreich in Äthiopien kommt, den der damalige Kaiser Haile Selassie noch einmal niederschlagen kann. Unvergessen auch die schmähliche Absetzung des Kaisers im September 1974 durch einen Putsch des Militärs. Unvergessen schließlich der »Blutsamstag« vom November 1974, als Terror und Tod über Äthiopien kommen. Rund 60 Personen, die gesamte politische Elite des Landes, darunter der Vater von Prinz Asserate, werden liquidiert und in einem Massengrab des Akaki-Gefängnisses in Addis Abeba verscharrt … Ein Jahr später stirbt der Kaiser. Die Umstände seines Todes sind bis heute ungeklärt.

Ich weiß selbstverständlich auch um den Einfluss des Islam vor allem in

Nord- und Mittelafrika. Aber dass Äthiopien faktisch ein religiös zweige-
teiltes Land ist, dass das Zusammenleben von Christen und Muslimen
auch in Äthiopien in der Geschichte nicht konfliktfrei war und heute
neuen Spannungen ausgesetzt ist, ist mir neu. Ich erfahre dabei, dass Prinz
Asserate die Sorge umtreibt, diese Spannungen könnten sich – angesichts
der gewaltigen Umbrüche in der Welt des Islam – in Zukunft noch ver-
schärfen. Der totalitäre Islamismus geht auch an Äthiopien nicht spurlos
vorüber. Was sich auf der anderen Seite des Roten Meeres, von Syrien,
Palästina und Israel im Norden bis hin zum Jemen im Süden, abspielt,
hatte schon immer Einfluss auf die Situation in Äthiopien.

Wie aber den Dialog in Gang bringen? Gibt es Grundlagen für einen
Dialog von Christen und Muslimen? Aus diesem Interesse heraus hatte
Prinz Asserate offensichtlich zu meinem Buch über Abraham gegriffen
und das Gespräch mit dem Verfasser gesucht. Ist doch Abraham in der Tat
eine Figur, die zwar in jeder Tradition verschieden gebraucht wird, die
aber im Tiefsten ihres Glaubensverständnisses Juden, Christen und Muslime verbinden kann. Denn Abraham ist eine Figur, die exemplarisch zeigt,
worauf es für Menschen vor Gott ankommt: nicht auf menschengemachte
Traditionen und Konventionen, sondern auf radikales Vertrauen in Gott
als den Schöpfer, Bewahrer und Richter der Welt. Dieses Vertrauen wird
genährt durch die Überzeugung, dass alle Menschen – unabhängig von
ihrer Religion, Nation oder Hautfarbe – Geschöpfe des einen Gottes sind
und der einen Menschheitsfamilie angehören.

Ich gestehe, dass ich seit der Begegnung mit Prinz Asserate die Geschichte Äthiopiens mit anderen Augen sehe. Wacher als früher reagiere
ich auf die Nachrichten aus diesem Land. Ich habe nun ein Gesicht vor
Augen, das mir Äthiopien verkörpert. Ich habe einen Menschen im Blick,
den das Schicksal seines Landes umtreibt. Und diese Sorge hat mit der
Familiengeschichte des Prinzen zu tun. Mit Betroffenheit höre ich schon
bei unserem ersten Gespräch, dass der Grund des Aufenthaltes von Prinz
Asserate in Deutschland mit den revolutionären Umbrüchen zu tun hat,
denen dieses Land 1974 zum Opfer fällt. Welch eine Geschichte! Sie ist
jetzt aufgezeichnet in den Lebenserinnerungen unter dem Titel »Ein Prinz
aus dem Hause David« (2007). Ich stelle dieses Buch auf Wunsch des Prinzen am 19. Januar 2008 der Tübinger Öffentlichkeit vor.

Man staunt als deutscher Leser nicht schlecht, wenn einem schon auf
den ersten Seiten ganz selbstverständlich dargelegt wird, der Verfasser
führe seine Abstammung auf König Salomo und die Königin von Saba
zurück. Man erlebt einen Menschen, der von sich behaupten kann, ein

»Prinz aus dem Hause David« zu sein! Plötzlich steht einem diese faszinierende Geschichte der Begegnung der Königin von Saba mit König Salomo vor Augen, erzählt in der Hebräischen Bibel im 1. Buch der Könige, Kapitel 10 und im 2. Buch der Chronik, Kapitel 9. Erzählt aber auch im Koran: Sure 27,22-44. Mehr noch: Derselbe Verfasser kann nicht nur seine Abstammung von König David, sondern auch vom Propheten Mohammed nachweisen. Ein Signal an sein Land, das bewusst gesetzt ist: »Nicht zuletzt dieser Teil meiner Abstammung« – lese ich – »mag der Grund dafür gewesen sein, dass ich mich in den letzten Jahren intensiv mit dem Islam auseinandergesetzt habe.«

Man liest in der Tat die Geschichte Äthiopiens mit anderer Wachsamkeit und neuer Sensibilität nach der Begegnung mit Prinz Asserate. Ich erinnere mich plötzlich: Es gibt aus der Frühgeschichte des Islam eine hochsymbolische Schlüsselszene zum Verhältnis Christen und Muslime. Sie spielt in Äthiopien, Anfang des 7. Jahrhunderts, und wird überliefert vom ersten Biographen des Propheten Mohammed, Ibn Ishâq, von dem wir im II. Kapitel dieses Buches bereits gehört haben. Viele hier berichteten Ereignisse sind, wie wir wissen, in ihrer Historizität ungesichert und doch oft von tiefer symbolischer Bedeutung. Insbesondere von Bedeutung für ein Land wie Äthiopien, das für das Verhältnis von Christen und Muslimen schon früh eine Schlüsselrolle spielt.

Der frühe Biograph berichtet von der Expedition von Angehörigen der muslimischen Urgemeinde an den Hof des Negus von Äthiopien. Die Unterdrückung durch das mekkanische Establishment war unerträglich geworden.[85] Wir schreiben das Jahr 615. Die Mekkaner ihrerseits – wütend über die Unbotmäßigkeit ihrer Stammesgenossen – schicken zwei Abgesandte nach Äthiopien, mit Gunst-Geschenken »bewaffnet«. Sie drängen auf Auslieferung der »Flüchtlinge«, möglichst bevor der Herrscher selber mit ihnen gesprochen hat. Der Negus (»König«) aber erweist sich als Mann, der die Gastfreundschaft achtet. Er möchte persönlich wissen, welcher Vergehen die Auswanderer beschuldigt werden. Bischöfe lässt er holen, die ihre Heiligen Schriften vor ihm ausbreiten. Dann werden die Muslime nach ihrer neuen Religion befragt. Als diese sich auf die Botschaft ihres Propheten berufen, erbittet der Negus eine Probe daraus. Darauf rezitiert einer der Muslime einen Abschnitt aus der Sure »Maria«, Sure 19, die Verkündigungs- und Geburtssure, die uns in diesem Buch ausführlich beschäftigt hat.

Die Reaktion? Wörtlich heißt es bei Ibn Ishâq: »Der Negus weinte, bis sein Bart feucht war. Und auch seine Bischöfe weinten, bis Tränen ihre

Heiligen Schriften benetzten.« Offenbar hatte die Weise, wie in Sure 19 von der Verkündigung an Maria und der Geburt Jesu gesprochen wird, die christlichen Autoritäten in Äthiopien tief gerührt. Die Abgesandten aus Mekka bekommen entsprechend eine Abfuhr: »Diese Offenbarung und die Offenbarung Jesu kommen aus derselben Nische. Geht! Bei Gott, ich werde sie euch nicht ausliefern und sie nicht hintergehen!«

Die Mekkaner aber geben sich noch nicht geschlagen. Einer von ihnen wird erneut beim Negus vorstellig. Die Neugläubigen behaupteten doch »Ungeheuerliches von Jesus«, bringt er vor. Als Sohn Marias sei er für sie »nur ein Mensch«! Noch einmal lässt der äthiopische Herrscher die Muslime holen. Im vollen Bewusstsein, was für sie auf dem Spiel steht, bleiben sie bei dem, was ihrem Propheten »geoffenbart« wurde. Entsprechend lautet die Antwort an den Negus: »Wir sagen über ihn [Jesus], was unser Prophet uns geoffenbart hat, nämlich dass er der Diener Gottes ist, sein Prophet, sein Geist und sein Wort, das Er der Jungfrau Maria eingegeben hat.«

Wieder ist die Reaktion unerwartet. Der Negus nimmt einen Stock vom Boden und erklärt: »Wahrlich, Jesus ist nicht um die Länge dieses Stockes mehr als das, was du sagst.« Jetzt aber geht ein Raunen durch den Raum. In den Reihen der den Thron umstehenden Feldherrn ist Unruhe entstanden. Beunruhigt sind sie offensichtlich in Sachen Orthodoxie. Doch der äthiopische Herrscher bleibt dabei: »Wenn ihr auch raunt« – und an die Muslime gewandt – »geht, ihr seid sicher in meinem Land. Wer euch beschimpft, wird Strafe zahlen; wer euch beschimpft, wird Strafe zahlen; wer euch beschimpft, wird Strafe zahlen! Nicht für einen Berg aus Gold würde ich einem von euch Unrecht tun. Gebt den beiden [aus Mekka] ihre Geschenke zurück. Ich brauche sie nicht. Gott hat kein Bestechungsgeld angenommen, als Er mir meine Herrschaft zurückgab; warum sollte ich nun gegen Ihn Bestechungsgeld annehmen! Er ist damals nicht den Leuten gegen mich gefolgt, weshalb sollte ich nun ihnen gegen Ihn folgen.«

Welch eine Szene auf äthiopischem Boden! Gewiss, die Ereignisse sind sichtlich stilisiert und von den Interessen der Muslime her erinnert. Aber steckt in ihr nicht viel an »Weisheit« im Umgang von Christen mit Muslimen? Denn die Figur des äthiopischen Christen nimmt in dieser Geschichte ganz gezielt eine Mittelstellung ein: zwischen verbissener christlicher Orthodoxie (die raunenden Feldherrn) und fanatischem Unglauben (die Abordnung aus Mekka). Diese mittlere Position verbindet Toleranz mit Entschiedenheit. Denn dieser König verkörpert die Art von Christlichkeit, die weiß, dass man Menschen anderer religiöser Überzeugungen nicht mit der Elle eigener Orthodoxie messen oder gar traktieren darf.

Das heißt: Wenn Nichtchristen wie die Muslime ein Grundbekenntnis zu Jesus abgeben wie dies, er sei für sie »der Diener Gottes, sein Prophet, sein Geist und sein Wort, das Er der Jungfrau Maria eingegeben« habe, dann genügt das diesem Christen. Genügt, um sie als Gäste in seinem Lande zu beherbergen und zu schützen. Mehr verlangt er von ihnen nicht. Er presst sie nicht, urteilt sie nicht ab, verlangt nicht das Äußerste. Christen werden auf der Basis ihrer Heiligen Schriften weiter gehen in Sachen Christologie, werden von Jesus, dem Christus und Sohn Gottes, mehr sagen, andere Ausdrucksformen ihres Glaubens benutzen. Für Muslime bedeutet es bereits viel, wenn sie sagen können: Dieser besondere Gesandte hat seinen Ursprung in Gott, ist ein Geschöpf von Gottes Geist, redet und handelt in der Kraft des Geistes Gottes und ist so ein herausragendes »Zeichen« Gottes für alle Welt, für alle Menschen: ein Zeichen von Gottes »Barmherzigkeit« (Sure 19,21). Ein Gesandter Gottes, der von sich sagen kann, Gott lasse ihn gesegnet sein, wo immer er lebe (Sure 19,31): »Friede über mich am Tag, da ich geboren wurde, am Tag, da ich sterbe, und am Tag, da ich zum Leben erweckt werde« (Sure 19,33).

Auf äthiopischem Boden also hat sich in der Frühgeschichte von Christentum und Islam eine Begegnung ereignet, die auch heute noch nichts von ihrem Zauber und ihrer Wahrheit verloren hat, Historizität hin oder her. In muslimischer Überlieferung wird Äthiopien erinnert als ein Land, in dem sich eine Szene von universaler Bedeutung abgespielt hat. Eine Szene, deren Botschaft viele Christen und Muslime noch vor sich haben. Äthiopien könnte so zu einem Land exemplarischer Kommunikation, gegenseitigen Respektes und friedlicher Koexistenz von Christen und Muslimen werden. Es wäre eine Tragödie, käme es umgekehrt.

ZITIERWEISE DER QUELLEN UND HILFSMITTEL

BIBEL
Biblische Texte werden (wenn nicht eigens anders vermerkt) zitiert nach:
Neue Jerusalemer Bibel. Einheitsübersetzung mit dem Kommentar der
Jerusalemer Bibel. Neubearbeitete und erweiterte Ausgabe. Deutsch hrsg.
v. Alfons Deissler und Anton Vögtle, Freiburg/Br. 1985.

KORAN
Koranische Texte werden zitiert nach: Der Koran. Übersetzt und eingeleitet von Hans Zirker, Darmstadt 2003, 2. überarb. Aufl. 2007.

EQ
Encyclopaedia of the Qur'ān, hrsg. v. Jane Dammen McAuliffe, Bd. I-IV,
Leiden – Boston – Köln 2001–2004.

KK
Der Koran. Arabisch-Deutsch. Übersetzung und wissenschaftlicher
Kommentar von Adel Theodor Khoury, Bd. I–XII, Gütersloh 1990–2001.

ANMERKUNGEN

1 Vollständiger Text der sieben Punkte umfassenden Erklärung in: Frankfurter Allgemeine Zeitung vom 2. 5. 2008.

2 Der Artikel wurde mir zur Verfügung gestellt von Herrn Şükrü Bulut (jetzt Köln), der seinerzeit bei der Gründung der Moscheegemeinde in Ahlen führend beteiligt war. Ich danke Herrn Bulut für die Bereitstellung dieses und anderen Materials sowie für sein Engagement für ein besseres Verstehen von Muslimen und Christen in Deutschland.

3 Das Dokument »A Common Word« ist über Internet abrufbar unter: www.acommon word.com. Hier auch Dokumentation der Reaktionen.

4 Näheres dazu unter: www.duaatalislam.com.

5 Einzelheiten dazu: *K.-J. Kuschel,* Juden – Christen – Muslime: Herkunft und Zukunft, Düsseldorf 2007.

6 So *W. Jens* in der Einleitung zu dem von ihm herausgegebenen Band: Es begibt sich aber zu der Zeit. Texte zur Weihnachtsgeschichte, Stuttgart 1988, S. 12.

7 Texte dazu im Kapitel X (»Kindheitsevangelien«) von: *E. Hennecke – W. Schneemelcher (Hrsg.),* Neutestamentliche Apokryphen in deutscher Übersetzung, Bd. I (Evangelien), Tübingen, 5. Aufl. 1987.

8 *W. Jens,* Am Anfang der Stall – am Ende der Galgen. Jesus von Nazareth, seine Geschichte nach Matthäus, Stuttgart 1972; *ders.,* Und ein Gebot ging aus. Das Lukas-Evangelium, Stuttgart 1991. Zum literarisch-theologischen Werk von Walter Jens (einschl. seines Übersetzungs-Projekts) vgl. die Gesamtdarstellung bei: *K.-J. Kuschel,* Walter Jens. Literat und Protestant, Düsseldorf 2003. Aktualisierte Neuausgabe Tübingen 2008.

9 So im bisher umfassendsten Kommentar von *U. Lutz,* Das Evangelium nach Matthäus. 1. Teilband: Matthäus 1-7, Düsseldorf – Zürich – Neukirchen-Vluyn, 5. Aufl. 2002, S. 126.

10 Vgl. dazu, den neuesten Forschungsstand zusammenfassend: *H. Förster,* Die Feier der Geburt Christi in der Alten Kirche. Beiträge zur Erforschung der Anfänge des Epiphanie- und des Weihnachtsfest, Tübingen 2000; *ders.,* Die Anfänge von Weihnachten und Epiphanias, Tübingen 2007.

11 In zwei größeren Publikationen hat der Wiener Koptologe und Papyrologe *Hans Förster* der weitverbreiteten Auffassung widersprochen, das christliche Weihnachtsfest habe heidnische Wurzeln, da es das Sol-Invictus-Fest des Römischen Reiches habe ersetzen müssen Dieser These ist von Althistoriker *Alexander Demandt* widersprochen worden. Er wirft Förster vor, die zentrale antike Quelle für das Sol-Invictus-Fest nur aus zweiter Hand in zwei Fußnoten erwähnt und so bagatellisiert zu haben. Der Geburtstag des Sonnengottes aber sei »ein besonders beliebter, ursprünglich ›religiöser‹ Feiertag in der heidnisch geprägten Spätantike« gewesen. Auch werde der »Bezug des Geburtstages Jesu zur Sonnenwende« von den Kirchenvätern »klar herausgestellt«. Das sehe Förster wohl, trotzdem solle dies »mit dem astronomischen Faktum«, nichts aber mit dem Fest für Sol invictus zu tun gehabt haben? »Wer wird ihm das abnehmen?« (Süddeutsche Zeitung vom 24.–26. Dezember 2007).

12 *P. Stuhlmacher,* Die Geburt des Immanuel. Die Weihnachtsgeschichten aus dem Lukas- und Matthäus-Evangelium, Göttingen 2. Aufl. 2006, S. 34 f.

13 *H. Frankemölle,* Matthäus-Kommentar I, Düsseldorf 1994, 2. Aufl. 1999, S. 152 f.

14 Vgl. dazu *W. Jens,* Die Evangelisten als Schriftsteller, in: ders., Republikanische Reden, München 1976, S. 30–40.

15 *R. Pesch,* Das Weihnachtsevangelium. Neu übers. u. ausgel., Freiburg/Br. 2007, S. 79 f.

16 *Die Bibel,* erschlossen und kommentiert von H. Halbfas, Düsseldorf 2001, S. 421.

17 W. Jens, Einleitung, S. 12 (wie Anm. 6).

18 H. Küng, Christ sein, München 1974, S. 442 f.

19 M. Suliman al-Ashqer, Your Way to Islam, Amman, Jordanien 1993, S. 15. (Eigene Übersetzung). Eine gute Übersicht über diese Art von apologetischer und zugleich polemischer volkstümlicher islamischer Missionspropaganda-Literatur gibt das Kapitel «Muslim Popular Literature on Christianity«, in: K. Zebiri, Muslims and Christians Face to Face, Oxford 1997, ²2000, S. 44–93.

20 I. Katheer, The Prophets Stories. Übers. v. Abd El Qader A. – Al Azeez H. Exklusive Rechte durch: Dar Al-Ghad – Al-Gadeed, Egypt – Al-Mansoura.

21 Al-Sheikh Muhammad Ali Sabuni, Prophethood and the Prophets, übers. v. Mohammad Idris Esau, Saida/Libanon o. J.

22 Al-Sheikh Muhammad Ali Sabuni, a.a.O., S. 195 f.

23 A.a.O., S. XXX.

24 Ibn Ishâq, Das Leben des Propheten. Aus dem Arabischen übertragen und bearbeitet von G. Rotter, Kandern 1999, S. 24.

25 T. Andrae, Die Person Muhammads in Lehre und Glauben seiner Gemeinde, Stockholm 1918, S. 28 f.

26 T. Nagel, Der Koran. Einführung – Texte – Erläuterungen, München 1991, S. 122 f.

27 Ibn Ishâq, Das Leben des Propheten (wie Anm. 24). Im Folgenden wird zitiert aus Kapitel 3 (»Eine Frau bietet sich 'Abdallāh an«) sowie Kapitel 4 (»Die Worte, die Aminā in der Schwangerschaft hörte«) und Kapitel 5 (»Die Geburt des Propheten und seine Amme«).

28 Zitiert nach: Der Koran, erschlossen und kommentiert v. A.Th. Khoury, Düsseldorf 2005, S. 36.

29 Zitiert nach: Der Koran, S. 36.

30 Ibn Ishâq, Das Leben des Propheten, S. 34 (wie Anm. 24).

31 G. Mensching, Leben und Legende der Religionsstifter, S. 145 f.

32 T. Andrae, Mohammed. Sein Leben und sein Glaube, Göttingen 1932, S. 28.

33 H. Jansen, Mohammed. Eine Biographie. Aus dem Niederländischen von Marlene Müller-Haas, München 2008, S. 33 f.

34 Zitiert nach: T. Khalidi, Der muslimische Jesus. Aussprüche Jesu in der arabischen Literatur. Aus dem Englischen übers. v. Claudia Krülls-Hepermann, Düsseldorf 2003, S. 90.

35 Zitiert nach: T. Khalidi, Der muslimische Jesus, S. 126.

36 Der Koran für Kinder und Erwachsene, übers. u. erläutert v. L. Kaddor – R. Müller, München 2008, S. 180.

37 Einzelheiten zur Präsenz des Christlichen in vorislamischer Zeit bei: H. Küng, Der Islam, S. 62–78 u. S. 593–595. Zum Thema Christentum und Christen im Koran: J. Wardenburg, Koranisches Religionsgespräch. Eine Skizze, in: Studies in the History of Religions. Liber amicorum in Honour of C. J. Bleeker, Leiden 1969, S. 208–253; ders., Towards a Periodization of Earliest Islam According to its Relations with Other Religions, in: The Qur'ān: Style and Contents, hrsg. v. A. Rippin, Aldershot 2001, S. 93–115. J. Dammen McAuliffe, Christians in the Qur'ān and Tafsīr, in: Muslim Perceptions of Other Religions. A Historical Survey, hrsg. v. J. Wardenburg, New York – Oxford 1999, S. 105–121. E. Gräf, Zu den christlichen Einflüssen im Koran, in: Al-Bahit. FS Joseph Henninger zum 70. Geburtstag, St. Augustin 1976, S. 111–144. S.H. Griffith, Art. Christians and Christianity, in: EQ I, S. 307–315 (Lit.!). Zur Spiegelung des Christlichen in den klassischen muslimischen Kommentaren: N.Robinson, Christ in Islam and Christianity. Representation of Jesus in the Qur'ān and a Classical Muslim Commentaries, New York 1991; ders., Christian and Muslim Perspectives on Jesus in the Qur'ān, in: Fundamentalism and Tolerance. An Agenda for Theology and Society, hrsg. v. A. Linzey – P. Wexler, London 1991, S. 92–105; ders., Jesus and Mary in the Qur'ān: Some neglected Affinities, in: The Qur'ān: Style and Contents, hrsg. v. A. Rippin, Aldershot, Vermont 2001, S. 21–35.

Zur weiteren Wirkungsgeschichte des Christlichen in der islamischen Welt: *L. Ridgeon (Hrsg.),* Islamic Interpretations of Christianity, Richmond/GB 2001.

38 Einzelheiten dazu bei: *K.-J. Kuschel, Juden* – Christen – Muslime: Herkunft und Zukunft, Düsseldorf 2007.

39 *A. Th. Khoury,* KK IV,25.

40 Einzelheiten bei: *K.-J. Kuschel, Juden* – Christen – Muslime: Herkunft und Zukunft, Düsseldorf 2007, Teil 3 und 4.

41 Einzelheiten bei: *A. Rippin,* Art. »John the Baptist«, in: EQ III, 51 f.

42 *C. Schedl,* Mohammad und Jesus. Die christologisch relevanten Texte des Koran, Freiburg/Br. 1978, S. 193.

43 Einzelheiten bei *M. Bauschke,* Jesus im Koran, Köln – Weimar – Wien 2001, S. 13 f., sowie in: Islamische Erzählungen von Propheten und Gottesmännern, übers. u. komm. v. H. Busse, Wiesbaden 2006, S. 483.

44 Das apokryphe Protevangelium des Jakobus stammt aus der Mitte des 2. Jahrhunderts, somit aus *vorkoranischer Zeit. Protevangelium des Jakobus,* in: E. Hennecke – W. Schneemelcher (Hrsg.), Neutestamentliche Apokryphen in deutscher Übersetzung, Bd. I: Evangelien, Tübingen, 5. Aufl. 1987, S. 338–349. Motivische Parallelen zu Sure 19 sind durchaus erkennbar. Denn in diesem Evangelium wird von Geburt und Kindheit Marias berichtet, von ihrem durch die Eltern beschlossenen Aufenthalt im Tempel zu Jerusalem und von der Anfertigung eines Tempelvorhangs. Maria fällt durch Los die Aufgabe zu, in diesen Vorhang »echten Purpur« und »Scharlach« hineinzuweben. Sie nimmt die Arbeit an und verfertigt den Vorhang »in ihrem Haus«, wo ihr der »Engel des Herrn« erscheint. In christlicher Ikonographie ist denn auch vielfach aufgrund dieser Stelle im Jakobus-Evangelium dargestellt, wie der Engel Gabriel Maria während ihrer Arbeit am Vorhang für den Tempel erscheint. Einzelheiten bei: *C. Schedl,* Mohammed und Jesus, S. 192 (wie Anm. 42). *L. Hagemann – E. Pulsfort,* Maria, die Mutter Jesu, in Bibel und Koran, Würzburg 1992, S. 94.

45 *M. Bauschke,* Jesus im Koran, S. 16 (wie Anm. 43).

46 Islamische Erzählungen von Propheten und Gottesmännern. Übers. u. kommentiert v. H. Busse, Wiesbaden 2006, S. 485.

47 Einzelheiten bei: *A. Th. Khoury,* KK zu Sure 19, sowie bei *M. Bauschke,* Jesus im Koran, Kap. III und IV (wie Anm. 43).

48 *Pseudo-Matthäus-Evangelium* (Auszüge), in: E. Hennecke – W. Schneemelcher (Hrsg.), Neutestamentliche Apokryphen, a.a.O., S. 367–369 (wie Anm. 44).

49 Einzelheiten bei *K.-J. Kuschel, Juden* – Christen – Muslime: Herkunft und Zukunft, Sechster Teil: Abraham oder: Das Risiko des Gottvertrauens.

50 *T. Nagel,* Mohammed. Leben und Legende, München 2008, S. 340.

51 Einzelheiten bei: *A. Th. Khoury,* KK IV, 79–81.

52 *Protevangelium des Jakobus* Nr. 4, in: Neutestamentliche Apokryphen in deutscher Übersetzung, S. 340 (wie Anm. 44).

53 *Protevangelium des Jakobus* Nr. 9, in: a.a.O., S. 342.

54 Weitere Einzelheiten zum *Marienbild der islamischen Tradition* bei: *J. Dammen McAuliffe,* Chosen of all women: Mary and Fātima in Qur'ānic Exegesis, in: Islamochristiana 7 (1981), S. 19–28. *A. Schimmel,* Jesus und Maria in der islamischen Mystik, München 1996. *B. Freyer Stowasser,* Art. »Mary«, in: EQ III, 288–296 (Lit.!).

55 *L. Hagemann – E. Pulsfort,* Maria, die Mutter Jesu, S. 97f (wie Anm. 44). Zur Figur des *Joseph* in Bibel und Koran habe ich eine eigene kleine Studie vorgelegt: Joseph in Ägypten. Nach der Einheitsübersetzung der Bibel und der Neuübersetzung des Korans von H. Bobzin. Nachwort K.-J. Kuschel, München 2008.

56 *F. Bovon,* Das Evangelium nach Lukas, 1. Teilband: Lk 1,1-9,50, Zürich – Neukirchen-Vluyn 1989, S. 131 f.

154

57 *M. Andaç,* Einladung zum Islam. Ein Vergleich zwischen Bibel und Koran aus der Sicht eines Moslems, Berlin 2000. *N. Akin,* Untersuchungen zur Rezeption des Bildes von Maria und Jesus in den frühislamischen Geschichtsüberlieferungen, Ladenburg 2002. *A. Ginaidi,* Jesus Christus und Maria aus koranisch-islamischer Perspektive. Grundlagen eines interreligiösen Dialogs, Stuttgart 2002.

58 *A. Schimmel,* Jesus und Maria, S. 141 (wie Anm. 44).

59 Ebd.

60 Einzelheiten bei: *W. Vordtriede,* Clemens Brentanos Anteil an der Kultstätte in Ephesus, in: Deutsche Vierteljahrsschrift für Literaturwissenschaft und Geistesgeschichte 34 (1960), S. 384–401.

61 Einzelheiten bei *D. Carrol,* Mary's House. The extraordinary story behind the discovery of the house where the Virgin Mary lived and died, London 2000.

62 *A. Ihsan Yitik,* Die Jungfrau Maria und ihr Haus bei Ephesus. Eine religionsvergleichende mariologische Untersuchung, in: Journal of Religious Culture 56 (2002), S. 4. Im Anschluss an dieses Zitat dokumentiert der Verfasser eindrucksvoll »Auszüge aus dem Gästebuch«, das im Haus Marias bei Ephesus aufliegt. Die Ängste, Nöte, Klagen und Bitten der einfachsten Menschen – gerichtet an Maria – kommen hier zum Ausdruck. Fazit: »Es sieht ganz danach aus, dass die Jungfrau Maria für einige der Besucher für alle möglichen Probleme selbst die Lösung findet, für einen anderen Teil der Besucher scheint sie eine Art Vermittlerin zu sein, um Wünsche bei Gott vorzubringen. Wünsche, die diesen Weg gehen, werden nach Ansicht der Beter mit höchster Wahrscheinlichkeit erfüllt. Maria ist ja eine von Gott geliebte Gläubige, der er nichts abschlagen kann.« (S. 6).

63 *R. Kühn,* Bericht von einer Reise nach Selcuk (Juni 2000). Das Manuskript liegt mir vor.

64 Text greifbar unter: www.vatican.va/holy_father/benedict_XVI/homilies/2006/index_ge.htm

65 *T. Khalidi,* Der muslimische Jesus, S. 171 (wie Anm. 34).

66 *M. Bazargan,* Und Jesus ist sein Prophet. Der Koran und die Christen. Aus dem Persischen von Markus Gerhold. Hrsg. u. mit einer Einleitung v. Navid Kermani, München 2006, S. 41.

67 Weiteres dazu bei: *K.-J. Kuschel,* Juden – Christen – Muslime, Teil 5 (wie Anm. 38).

68 *A. Neuwirth,* Der Koran – europäisch gelesen, in: Neue Zürcher Zeitung vom 29./30. März 2008.

69 *C. Schedl,* Muhammad und Jesus, S. 202 (wie Anm. 42).

70 *C. Schedl,* Muhammad und Jesus, S. 203.

71 *H. Küng,* Der Islam. Geschichte – Gegenwart – Zukunft, München 2004, S. 589.

72 *H. Küng,* Der Islam, S. 592.

73 *M. Bazargan,* Und Jesus ist sein Prophet, S. 42 (wie Anm. 66).

74 *M. Bauschke,* Jesus im Koran, S. 20 (wie Anm. 39).

75 *Kindheitsevangelium des Thomas* Nr. 2, in: Neutestamentliche Apokryphen, S. 353–359, Zitat S. 353.

76 Zitiert nach: *T. Khalidi,* Der muslimische Jesus, S. 87 (wie Anm. 34).

77 Einzelheiten bei *A. Th. Khoury,* KK IV, 123–129.

78 *A. Th. Khoury,* KK IV, 126. «Der Text des Abkommens«, dort S. 126 f. Ebenso: *A. Th. Khoury,* Muhammad, Der Prophet und seine Botschaft, Freiburg/Br. 2008 (aktualisierte und erweiterte Neuausgabe): »Nach Lage der juristischen und geschichtsquellen, die dem Gottesurteil kaum oder viel weniger Bedeutung in diesem Zusammenhang beimessen, darf man sagen, dass eine unmittelbare Verbindung zwischen den hier zitierten Koranversen und den Ereignissen um die Nadjräner Gesandtschaft nicht als sicher angenommen werden kann. Vielleicht hat man die vielen Einzelheiten nur angegeben, um den Versen einen geeigneten Rahmen zu schaffen. In den Augen der theologischen und frommen Literatur ist das Ordal wichtig als Mittel zur Wahrheitsfindung und Bestäti-

gung der prophetischen Sendung Mohammeds und der unabweisbaren Überlegenheit des Islams über jede andere Religion.« (S. 132)

79 www.zenit.org/article-13926?/=german
80 So – knapp zusammengefasst – die Hauptkritikpunkte des Tübinger Islamwissenschaftlers *L. Richter-Bernburg*, Ein »Wort des Ausgleichs« für die monotheistischen Religionen? 138 muslimische Religionsgelehrte an die christlichen Kirchen, erscheint in einer Festschrift für den Göttinger Islamwissenschaftler *Tilman Nagel.* Das Manuskript liegt mir vor und wurde mir dankenswerterweise vom Verfasser zur Verfügung gestellt.
81 *Internationale Konferenz bekennender Gemeinschaften (Hrsg.),* Zum Brief von 138 muslimischen Gelehrten an die Christenheit. Erläuterungen und Hintergrundinformationen für christliche Leser. Im Internet abzurufen unter: www.institut-diakrisis.de/ICNmuslimischenTheologen.pdf
82 *Ch. Troll,* Auf dem Weg zu einem Kernkonsens von Christen und Muslimen? In: DIE ZEIT vom 18. 10. 2007.
83 *C. Schedl,* Muhammad und Jesus, S. 441f (wie Anm. 42).
84 *E. Drewermann,* Licht des Friedens. Meditationen zum Advent und zur Weihnacht, Düsseldorf 2004, S. 83.
85 *Ibn Ishâq,* Das Leben des Propheten, S. 67–71 (wie Anm. 27).

GRUNDLITERATUR:

I. TEXTAUSGABEN UND GESAMTDARSTELLUNGEN

1. Biblische und nachbiblische Texte:

Neue Jerusalemer Bibel. Einheitsübersetzung mit dem Kommentar der Jerusalemer Bibel, Freiburg/Br. 1985.
W. Schneemelcher, Neutestamentliche Apokryphen in deutscher Übersetzung Bd. 1 (Evangelien), 5. Aufl., Tübingen 1987 (Protevangelium des Jakobus; Kindheitsevangelium des Thomas).

2. Koranische und nachkoranische Texte:

Der Koran. In der Übersetzung von Friedrich Rückert, hrsg. v. H. Bobzin mit erklärenden Anmerkungen von W. Fischer, Würzburg 1995.
Der Koran. Übersetzung von Rudi Paret, Bd. I (Text), Bd. II (Kommentar), Stuttgart – Berlin – Köln – Mainz 1979, 2. Aufl. 1980.
KoranLeseBuch. Wichtige Texte aus dem Arabischen, neu übers. u. kommentiert v. H. Bobzin, Freiburg/Br. 2005.
Der Koran. Arabisch-Deutsch. Übersetzung und wissenschaftlicher Kommentar von A.Th. Khoury – M.S. Abdullah, Bd. I–XII, Gütersloh 1990–2001.
Der Koran, übers. u. eingel. v. Hans Zirker, Darmstadt 2003, 2. überarb. Aufl. 2007.
Ibn Ishâq, Das Leben des Propheten. Aus dem Arabischen übertragen und bearb. v. G. Rotter, Kandern 1999.
3. Neuere Überblickswerke:
H. Küng, Das Christentum, München 1994.
H. Küng, Der Islam. Geschichte – Gegenwart – Zukunft, München 2004.
K-J. Kuschel, Juden – Christen – Muslime: Herkunft und Zukunft, Düsseldorf 2007.
P. Heine, Der Islam, Düsseldorf 2007.

4. Neuere Literatur zur Wirkung des Propheten:

R. Paret, Mohammed und der Koran. Geschichte und Verkündigung des arabischen Propheten, Stuttgart 1957, 7. Aufl. 1991.

A. Schimmel, Und Muhammad ist Sein Prophet. Die Verehrung des Propheten in der islamischen Frömmigkeit, Düsseldorf – Köln 1981.

T. Nagel, Mohammed. Leben und Legende, München 2008;

ders., Allahs Liebling. Ursprung und Erscheinungsformen des Mohammed-Glaubens, München 2008.

N. H. Abu Zaid – H. Sezgin, Mohammed und die Zeichen Gottes. Der Koran und die Zukunft des Islam, Freiburg/Br. 2008.

A.Th. Khoury, Muhammad. Der Prophet und seine Botschaft, Freiburg/Br. 2008.

H. Jansen, Mohammed. Eine Biographie, München 2008.

II. FORSCHUNGSLITERATUR:

1. Neuere Kommentare:

a. Zum Matthäus-Evangelium:

E. Schweizer, Das Evangelium nach Matthäus, Göttingen 1973.

H. Frankemölle, Matthäus-Kommentar Bd. I, Düsseldorf 1994.

U. Luz, Das Evangelium nach Matthäus. 1. Teilband: Matthäus 1-7, Düsseldorf – Zürich – Neukirchen-Vluyn, 5. Aufl. 2002.

P. Fiedler, Das Matthäus-Evangelium, Stuttgart 2006.

b. Zum Lukas-Evangelium:

E. Schweizer, Das Evangelium nach Lukas, Göttingen – Zürich 1986.

F. Bovon, Das Evangelium nach Lukas, 1. Teilband: Lk 1,1-9,50, Zürich – Neukirchen-Vluyn 1989.

R. Dillmann – C.M. Paz, Das Lukasevangelium. Ein Kommentar für die Praxis, Stuttgart 2000.

H. Klein, Das Lukasevangelium, Göttingen 2006.

W. Eckey, Das Lukasevangelium. Unter Berücksichtigung seiner Parallelen. Teilband I: Lukas 1,1-10,42, Neukirchen-Vluyn 2. Aufl. 2006.

2. Zur Geburtsgeschichte Jesu im Neuen Testament:

W. Jens (Hrsg.), Es begibt sich aber zu der Zeit. Texte zur Weihnachtsgeschichte, Stuttgart 1988.

R.E. Brown, The Birth of the Messiah. A Commentary on the Infancy Narratives in the Gospels of Matthew and Luke, New York – London 1993.

E. Drewermann, Licht des Friedens. Meditationen zum Advent und zur Weihnacht, Düsseldorf 2004.

P. Stuhlmacher, Die Geburt des Immanuel. Die Weihnachtsgeschichten aus dem Lukas- und Matthäus-Evangelium, Göttingen 2005.

G. Vermes, Die Geburt Jesu. Geschichte und Legende. Aus dem Englischen von Thomas Ganschow, Darmstadt 2007.

W. Schmithals, Weihnachten. Seine Bedeutung für das ganze Jahr, Göttingen 2006.

R. Pesch, Das Weihnachtsevangelium. Neu übers. u. ausgelegt, Freiburg/Br. 2007.

3. Zur Geburtsgeschichte Jesu im Koran:

a. Aus christlicher Sicht:

H. Räisänen, Das koranische Jesusbild. Ein Beitrag zur Theologie des Korans, Helsinki 1971;

ders., The Portrait of Jesus in the Qur'ān: Reflections of the a Biblical Scholar, in: Muslim World 70 (1980), S. 122–133.

C. Schedl, Muhammad und Jesus. Die christologisch relevanten Texte des Korans neu übersetzt und erklärt, Wien – Freiburg/Br. – Basel 1978, S. 175–206 (Sure 19), S. 374–445 (Sure 3).

E. Pulsfort – L. Hagemann, Maria, die Mutter Jesu, in Bibel und Koran, Würzburg – Altenberge 1992.

O. Leirvik, Images of Jesus Christ in Islam, Uppsala 1999, Kap. II/1: Christ in the Qur'ān.

M. Bauschke, Jesus – Stein des Anstoßes. Die Christologie des Korans und die deutschsprachige Theologie, Weimar – Wien 2000;

ders., Jesus im Koran, Weimar – Wien 2001.

K-J. Kuschel, Juden – Christen – Muslime: Herkunft und Zukunft, Düsseldorf 2007, 5. Teil: »Maria und Jesus oder: Zeichen Gottes für alle Welt«.

b. Aus muslimischer Sicht:

A. Schimmel, Jesus und Maria in der islamischen Mystik, München 1996.

M. Andaç, Einladung zum Islam. Ein Vergleich zwischen Bibel und Koran aus der Sicht eines Moslems, Berlin 2000.

N. Akin, Untersuchungen zur Rezeption des Bildes von Maria und Jesus in den frühislamischen Geschichtsüberlieferungen, Ladenburg 2002.

A. Ginaidi, Jesus Christus und Maria aus koranisch-islamischer Perspektive. Grundlagen eines interreligiösen Dialogs, Stuttgart 2002.

T. Khalidi, Der muslimische Jesus. Aussprüche in der arabischen Literatur. Aus dem Englischen übers. v. Claudia Krülls-Hepermann, Düsseldorf 2002.

M. Bazargan, Und Jesus ist ein Prophet. Der Koran und die Christen. Aus dem Persischen von Markus Gerhold, Hrsg. u. mit einer Einleitung v. Navid Kermani, München 2006, S. 41.

H. I. Çinar, Maria und Jesus im Islam. Darstellung anhand des Korans und der islamischen kanonischen Tradition unter Berücksichtigung der islamischen Exegeten, Wiesbaden 2007.

4. Zu Bibel und Koran:

J. Gnilka, Bibel und Koran. Was sie verbindet, was sie trennt, Freiburg/Br. 2004.

K.-W. Tröger, Bibel und Koran. Was sie verbindet und unterscheidet. Mit einer Einführung in Mohammeds Wirken und in die Entstehung des Islam, Berlin 2004.

S. J. Wimmer – S. Leimgruber, Von Adam bis Muhammad. Bibel und Koran im Vergleich, Stuttgart 2005.

A.Th. Khoury, Der Koran, erschlossen und kommentiert, Düsseldorf 2005, Kap.: Offenbarung und Propheten, S. 170–199.

K.-J. Kuschel, Juden – Christen – Muslime. Herkunft und Zukunft, Düsseldorf 2007.

ders. (Hrsg.), Joseph in Ägypten. Nach der Einheitsübersetzung der Bibel und der Neuübersetzung des Korans, München 2008 (Reihe: Die großen Geschichten der Menschheit).

Karl-Josef Kuschel
Juden – Christen – Muslime
Herkunft und Zukunft
680 Seiten
ISBN 978-3-491-72500-3

»Mit der Lektüre jedes Kapitels wächst die Bewunderung für die enorme Leistung dieser grenzüberschreitenden Expedition in das jüdisch-christlich-islamische Gedankenreich sowie für die Fairness und Integrität, mit denen der Autor Aspekte des Judentums, des Christentums und des Islams gleichermaßen darstellt und analysiert.« *Neue Zürcher Zeitung*

»Kuschel setzt mit seinem Buch Maßstäbe für den Trialog. Es hat das Zeug zu einem Standardwerk.« *Publik Forum*

»Der Appell seines Buches ist großartig.« *DIE WELT*

Karl-Josef Kuschel
Weihnachten der Dichter
Große Texte von Thomas
Mann bis Reiner Kunze
240 Seiten
ISBN 978-3-491-72484-6

Auch als Hörbuch:
CD 978-3-491-91168-0

Karl-Josef Kuschel
**Weihnachten
bei Thomas Mann**
190 Seiten
ISBN 978-3-491-72505-8
Die bleibende Sinnhaftig-
keit des Weihnachtsfestes,
erschlossen vom Werk und
Leben Thomas Manns her.

 Patmos